# 分享的力量

## 数字经济时代的生态创新

谢雅楠 著

中国经济出版社
CHINA ECONOMIC PUBLISHING HOUSE
北 京

**图书在版编目（CIP）数据**

分享的力量：数字经济时代的生态创新 / 谢雅楠著
. -- 北京：中国经济出版社，2022.1（2023.6 重印）
ISBN 978-7-5136-6743-2

Ⅰ. ①分… Ⅱ. ①谢… Ⅲ. ①信息经济－研究－中国
Ⅳ. ① F492

**中国版本图书馆 CIP 数据核字（2021）第 239589 号**

责任编辑　张梦初　陈宇慧
责任印制　巢新强
封面设计　卓义云天

**出版发行**　中国经济出版社
**印 刷 者**　北京建宏印刷有限公司
**经 销 者**　各地新华书店
**开　　本**　710mm × 1000mm　1/16
**印　　张**　20
**字　　数**　270 千字
**版　　次**　2022 年 1 月第 1 版
**印　　次**　2023 年 6 月第 2 次
**定　　价**　78.00 元
**广告经营许可证**　京西工商广字第 8179 号

**中国经济出版社** **网址** www.economyph.com **社址** 北京市东城区安定门外大街 58 号 **邮编** 100011
本版图书如存在印装质量问题，请与本社销售中心联系调换（联系电话：010-57512564）

## 序一
# 科技向上，商业向善

文 / 韩森　盒子科技创始人兼CEO

十载饮冰，依然热血难凉！

这是盒子科技人创业路上最真实的写照。

十年前，我决定带领团队创立盒子科技，当时并没有想到能获得今天的成就。那时，整个移动支付服务行业处于萌芽期，Google Wallet、Square也都刚刚起步不久。不过，对于未来，我充满信心。

我拿着技术团队研发的手机刷卡设备找到投资人和合作方："当越来越多具有技术创新能力的创业公司出现，支付服务行业一定能够发生质的飞跃。对于整个行业的进步和发展，盒子科技也希望能够尽自己的一份力。我们团队的每个人都希望，在国家相关政策的引领下，可以为用户提供更加高效便捷的支付服务，为中小微商户提供收付款和配套的中小企业级金融服务。"

十年过去了，当初立下的目标正在一个个的实现。

迄今为止，我们为数百万名“盒伙人”提供了创业机会，为上千万个商户提供了数字化服务，服务了数以亿计的用户。创业至今，我们依然初心不改，希望盒子科技的商业形式能够继续“向上进化”。因为只有不断向上进化，才能为我们的员工以及整个社会创造更多的价值。

自2011年成立至今，盒子科技向前的每一步都在实现自我蜕变。1.0时代，我们依托产品创新前行，2.0时代，我们依托商业模式发展。现在，我们终于要跨入盒子科技3.0时代。盒子科技不再满足于单一的产品创新，而是希望可以构建一种生态模式，整个生态能够通过盒伙推的电商化、产品的多元化，渐渐形成真正的平台效应，以商业生态的形式为更多人提供更加优质的服务。

盒子科技希望能够成为下沉市场的商业交付新力量，进而在未来成为成功的线下商业交互服务商。收银台数字化改造并非空想，盒子科技已经做了相关的技术准备，好哒系列数字化产品与SaaS开放平台满足商户即插即用，帮助商户实现低成本接入聚合支付、智慧门店改造、精准营销、数据服务、数字供应链。实现收银台数字化、模块化改造也并非易事，其中既有传统市场观念的阻碍，也有商户固有认知的限制。数字化商业服务的难点不在技术与成本，而在于思想转变、效率和执行力以及行业政策变化。这些，正是盒子科技团队的长处。

创业，犹如逆水行舟，盒子科技的每个人都不会沉迷在过往的成绩中，而是会积极拥抱变化，分秒必争奔向数字化商业服务开放生态。盒子科技选择科技向上造，服务向下沉，兼顾高端市场和下沉市场，为商户和企业的决策提供数字化解决方案。

经济学有一个很有意思的概念——“帕累托改进”，说的是在不损害别人利益的前提下，努力让自己过得更好，那么整个社会就会变得更好。而盒子科技的企业文化，也一直秉承着“一切利他的行为终将利己”的理念。我们努力让商业生态中的每个人变得更好，希望藉此不仅可以让公司获得巨大的成功，也可以为全社会的发展贡献一份力量。

我们始终秉承着“科技要向上，商业要向善”的理念。因为在我看来，只有这样的公司才能够做到基业长青，才能够真正被社会认可、尊敬。

万事岂能尽如人意，我们但求无愧于心！保持一颗善良的心，保持一个创造价值的心态，这就是“盒子科技人”能够始终坚持无所畏惧地向上和进化的根本。

# 序二
# 数字化的新机遇

文 / 帅红宇　国微集团联席董事长兼总裁

未来十年，真正的机会在哪里？

对于这个问题，可能大多数人都会有一个近乎统一的答案——智能化。

其实，数字化是智能化的基础设施。全社会只有实现了数字化转型，才有在未来实现智能化的基础。所以，数字化的宽度在未来决定了智能化的高度。然而，对于大多数中小微企业尤其是很多商户而言，由于既没有数字化的经验，也没有数字化的技术能力，所以成为数字化时代最需要帮助的群体。

我认为盒子科技的选择是正确的：致力于帮助商户进行数字化转型。从支付服务到商户的数字化商业服务解决方案，盒子科技这一次分享的是整个商业生态。

从最早接触韩森以及盒子科技的团队开始，我就发现，他们是一个敢于创新并乐于创新的团队。

最初，韩森带领着盒子科技的团队与我们寻求合作时，我看到的是盒子科技团队的创业激情，对于产品创新也有他们自己的独到见解。同时，他们也足够热爱自己的事业，倾尽全力。总裁黄学良和我都觉得这是一个值得投资的企业，这样一个团队一定能够成功。

我主动去问韩森："你们想要钱吗？"韩森愣了一会儿，说："我们当然需要钱了，我们真的快穷死了！"

于是，他打开了话匣子，道出了当时的困境。我觉得他是一个非常纯粹的创业者，只有这样的创业者，才有可能在创业路上坚持下来。

当天，我们就口头约定，国微投资500万美元，盒子科技出让20%的股份。

但是，过了两天，韩森有点不好意思地找到我们说，因为没有融资经验，所以没确定投前估值还是投后估值。后来他们与A轮投资人说完我们的口头约定后，原有投资人说，想要占股20%，需要追加100万美元。其实，盒子科技的创始团队没有相关的投融资经验这件事我们非常清楚，也能够理解。所以，我接受了他们的条件。

后来为了帮助盒子科技做好现金流的管理，避免再次出现资金链紧绷甚至断裂的危险，国微集团还把我们当时的CFO派到盒子科技做CFO。之所以这样做，就是希望帮助他们制定完备的财务制度，避免他们再次陷入资金链的困境。

资金到位后，盒子的支付服务业务实现了快速发展。但其实最令我惊讶的是，他们整个团队并没有因为业务快速发展而放弃“折腾”，始终在探索各个层面的创新。

韩森当时的一句话令我印象深刻，“我要激发每个人的动力，而激发动力的根本，就在于分享”。韩森当时说，只有从制度层面变革，分享出更多的利益和创业的经验，才能汇聚更多积极向上的人才，让每个人的努力都有积极的回报并且能够转换成自己的美好生活。

这一点我是认同的。随着社会经济的发展，我们已经从“赢家通吃”慢慢变成了“开放包容”，也只有将自己的成功、自己的利益、自己的技术等等，分享给生态中的每个人，才能够让整个生态充满活力。从这一点上来看，韩森确实带着盒子科技走在了“前面”。

2020年，疫情这场“黑天鹅事件”让很多事情都变得不一样了，但这一年也让很多人认识到商业生态数字化的力量。

我们做一个假设，如果商户能够在疫情来临之前就实现数字化转型，那么，这些商户完全可以在闭门几个月的时间里，依靠“线上+线下”的融合为C端消费者持续提供服务。2021年开始，不管是大公司还是中小微企业，数字化的转型都在加快。

然而，实行数字化转型，并非简单的加法，不仅仅是将SaaS、ERP等等服务系统简单地接入现有的业务中来。数字化，是要以客户为“导向”，以数据为“驱动”，以平台为“基础”建立数字化的生态体系，从而实现企业的全面数字化转型。

数字化转型其实会是一个相对长期的过程，难以一蹴而就，需要有持续的动力和持续的创新能力，而在这一点上，盒子科技长期以来积累的线下服务的团队优势就会变得更加明显。

数字化的机遇就在眼前。相信韩森能够带领盒子科技再一次用分享的理念，以创新为驱动力，帮助中小微商户实现数字化转型。如果这些真的做到了，那么韩森一直希望打造的商业服务生态，也就不远了。

# 前　言
# 创业十载，初心不改

十年饮冰，难凉热血——梁启超

在深圳，甚至在整个中国，“粤海街道”早已不再只是一条简单的街道，它代表了深圳40年产业的变迁史，更是中国创新创业的最好缩影。

在这条街道上，几乎聚集了全球所有的核心科技公司，除了深圳本土的腾讯、华为、平安、中兴、大疆等公司外，阿里、百度、高通、IBM、甲骨文、ARM等跨国公司也将自己的区域总部设在这里。“粤海街道”成了国内唯一能看到BAT同框的地方。

在这些林立的巨头之中，成立于2011年的盒子科技只能算中等规模的公司，不过，这家以移动支付服务起家的公司，从创业之初，就有着自己的志向——“让更多的人从盒子科技的创业中受益”。

十年后的今天，这家公司依然在努力。盒子科技希望，围绕移动支付打造一个全新的商业生态，并让这个更具生命力的生态服务更多的人，让越来越多的人能够从中获得价值。

2020年10月24日，盒子科技在深圳大梅沙召开了自己的新品发布会。

在这场发布会上，盒子科技创始人兼CEO韩森向外界传递了盒子科技两个最重要的理念——“向上”“向善”。其实，这两个词隐含着一个通向成功的企业所需要的最关键的两个要素——持续的创新能力和必要的社会责任感。

从单一的支付服务产品到为商户提供整体的SaaS服务，再到打造T-BCS线下商业服务新生态，创新成了盒子科技最重要的基因。

在T-BCS生态中，T是技术驱动力，B是商家，C是消费者，S是渠道商，即“盒伙人”。BCS形成一个生态，生态中的各个组成部分彼此成就，又在某些时候相互转换。盒伙人与消费者、中小商户、盒子科技共同构成了这个能够不断进化的商业服务生态。

从某种程度上，盒子科技所具有的向上（创新）力量，也可以被解构成自身进化的四个不同维度——科技、商业、用户、生态，它们共同形成盒子科技打造最大线下商业交互新力量的动力源泉。在CEO韩森看来，进化的核心在于差异化发展，并以此来适应环境的变化及应对竞争带来的压力。

“虽然进化的核心是为了更好的生存，但绝对不是不择手段。”在谈及公司发展方向时，作为创始人的韩森始终认为，盒子科技在成长过程中，要将分享和共赢作为公司发展的基准线，并将其贯彻在自身的整个商业逻辑中。

2020年2月，盒子科技旗下的“笑谱推购”携手建设银行上海分行，联合徐州蔬菜生产基地、深圳光明/惠州蔬菜基地（供港），共同推出“不见面”的菜篮子工程，扶贫助农、与广大人民一起并肩抗疫。

在盒子科技的合作伙伴看来，这家公司不仅是利益的创造者，更是利益的分享者。就像经济学中的帕累托改进一样，当每个人在不损害别人利益的前提下不断提升自身利益时，整个社会的福利就是进步的。盒子科技能够通过自身创造的商业生态，帮助更多人提升生活质量。

迄今为止，盒子科技已经为全社会提供了数百万个就业机会。同时，通过公益活动、现金/物资捐赠等形式，盒子科技在多个方面做出了贡献。

在中国，在深圳，在粤海街道，很多创业公司的愿景和目标就是打造一家伟大的公司。

一家伟大的公司，除了改变自己、改变行业，还应该承担更多的社会责任。本质上，任何一项商业活动能否取得成功，都取决于它是否能通过为客户创造和提供价值来实现社会价值。

自成立以来，盒子科技已经为盒伙人提供近百亿元人民币的回报，为几百万盒伙人提供了就业机会，也为商业生态内的消费者、中小微商户提供了更加高效率、低成本的服务。在公司发展的同时，盒子科技还希望为全社会有需要的人提供无偿的公益支持，在更大程度上回馈社会。

“路漫漫其修远兮”，想要成为一家伟大的公司，盒子科技要做的事情还有很多。不念过往，不惧将来，创业十载的盒子科技，或许才刚刚开启属于自己的时代。

# CONTENTS 目　录

# PART ONE

## 第一部分

# 筚路蓝缕

（2011—2012 年）

# 重新认识创业

CHAPTER 1

活着就是为了改变世界，难道还有其他原因吗？

——史蒂夫·乔布斯

## 01 只为创业而生

中关村和华强北，这一南一北的两个地方，是21世纪前20年中国创业者最集中的地区，也是中国创业者近30年的成长缩影。作为盒子科技的创始人，韩森恰好在这两个地方都留下了自己努力的痕迹和成功的烙印。

在过去的20年里，一个个创业公司的成功，一个个财富神话的缔造，都和这个令人振奋的时代分不开。对于韩森而言，时代给了他最好的机会，让他能够一展自己的抱负。盒子科技正是这一轮创业浪潮中最有代表性的公司之一。

过去的20年，从移动支付到围绕着支付衍生出的商业生态，成了中国最有特色的创新。移动支付、直播带货……都走在了互联网发源地——美国——的前面。从单一地提供支付服务，到逐渐形成线下商业服务生态，盒子科技成为我国整个移动支付行业从无到有、从单一业态到生态衍变的见证者和参与者。

有趣的是，作为一家每天与“钱”打交道的公司，盒子科技强调最多的并不是增长、KPI和财富，而是利他的价值观，是服务社会愿景和带领更多人创业成功的希望。盒子科技这种独特的风格，与创始人韩森一直以来的经历有关。

一切的创业都从“摆地摊”开始，韩森也不例外。由于家庭经济困难，韩森在大一的时候就要自己想办法赚取生活费。为此，他做过兼职促销员、卖过校园电话卡。不过，真正让他下定决心走上创业道路的，是他大学班主任的一句话：“你以后想不想留在北京发展？”

老师告诉他：“如果想要在未来有更大的发展，那么从大一开始，你整个人的言谈、举止，你的知识储备都要有意识地去转变。”老师建议韩森，在大学期间多读书和学习，丰富自己的知识储备。

于是，从大一暑假开始，韩森就“长”在了图书馆。他从一本营销学杂志开始接触营销，明白了原来市场和销售还有这么多的学问和门道。自此，管理类、营销类、创业自传类的书成了韩森的常读书。正是那段时间的积累，让韩森逐渐形成了自己的知识体系和商业逻辑，为之后的创业打下了基础。

在《杰克·韦尔奇自传》里，韩森学到了三点，凡是能把企业做得不错的，第一能吃苦，第二能耐得住寂寞，第三能为他人着想。所以我们看到，“利他”成了盒子科技重要的企业文化。

在那段时间的阅读和学习中，韩森意识到，凡是能做到世界顶尖的公司，一般都与消费者或者消费本身的行为有关，而无论是什么层面的创新，最终都会给公司带来收益，给社会带来进步。在那个暑假，最让韩森印象深刻的书是《海尔中国造》。因为这本书，他开始对海尔集团——一家从濒临破产到家电巨头的企业产生了浓厚的兴趣。

终于，韩森找到了亲自体验海尔集团创业文化的机会。

2001年，海尔集团推出手机移动事业部，彼时的金刚星、海王星的手机成了口碑不错的产品。为了解海尔集团的企业文化，韩森做了海尔手机的推销员。在他看来，海尔集团特别注重员工素质文化的提升，不论职位高低，都会定期组织考试，以高要求对待所有人。此外，韩森还从实践中学到了很多营销知识，这些给韩森带来了不小的影响。

一次次机缘巧合，让韩森坚定了自己创业的信心，进而走上了创业的道路。其实，偶然的背后是必然，就像韩森自己所说的，或许他天生就适合创业。正是由于这些人和事的影响，加速了他走上创业这条路。

激情、活力、向上、正能量，几乎所有和韩森打交道的人，对他的印象都集中在这四个词上。很难想象，一个每天面临“生死决定”的创业者，一个关联着几千名员工和上百万“盒伙人”的公司创始人，每天最大的愿望仅是利他和服务社会。

在韩森看来，从小到大，从读书到创业，他人生的每个阶段所接触的人和事都是有正能量的，都是积极的。这些正能量，使他成为一个正能量的人，也最终成为整个盒子科技的企业文化。

2009年，韩森离开中关村南下深圳，来到了著名的华强北。在深圳这个开放包容的城市，韩森开启了自己全新的创业旅程。来到“中国电子第一街”，做手机当然是最直接，也是最合理的选择。

在山寨功能机充斥华强北且多数人奉行“低价才是王道”的时代，韩森却选择了价格更高的LED屏智能手机作为自己的第一个项目。这样的做法，即使在现在看来都非常冒险。

此时，韩森将突破口放在了杭州，因为这里的市场竞争不像深圳那么激烈，对新事物的接受程度还很高。为了让经销商熟悉并了解这款手机的优势和卖点，韩森用了逆向思维的方法。他先让自己的员工充当消费者，跑到手机连锁店里面，问有没有这款手机卖，然后和销售说，“我在深圳看过这款手机，还挺不错的”。

通过C端的影响力，韩森将产品的优势和卖点逆向传递给了经销商，打开了杭州市场。

凭借着逆向思维和对于选品的把控，韩森赚到了他在深圳的第一桶金。但是在他看来，这不值得庆贺。当时，整个华强北的主流产品依然是山寨手机。

手机不做品牌，就没办法从一群山寨手机中突围；而做品牌就意味着要在产品、设计、性能、芯片、品牌等方面做出升级调整，这对于一个刚刚盈利的公司来说很困难。

当然，还有很关键的一点：他的梦想依然没有变，他想要影响更多的人，想让更多的人从他的创业中获得价值，想要将自己的成功经验分享给更多人。而此时华强北的手机行业，显然装不下他的这个梦想。

“在我看来，一切利他的行为最终都是利己的。”韩森认为，只有让更多的人获得成功，自己的成功才会更加扎实。所以，他坚定地认为，服务好合作伙伴，为用户创造更多的价值，为社会做出更大的贡献，最终获益的还是自己。就像韩森自己说的，勇敢往前走，勇敢坚持自己的初心。不要去问结果，保持一颗善良的心，保持一颗创造价值的心，永远要相信这个世界早晚会回报你，即便不会，你也问心无愧。这就是他一直以来无所畏惧地去创造、创业和创新的根本。

于是，韩森再次做出了选择，他决定做一件让更多人受益的事情，让更多的人从他的创业中有所收获。

# 02 入局支付：偶然中的必然

2019年，中国在移动端一共发生了1014.31亿笔支付，总金额达347.11万亿元人民币[①]。

移动支付已经全方位地浸入人们的生活中，在北京国贸的奢侈品商店，店员平均每天会扫十几次二维码，一单收款在5000元到10万元，而走到旁边的便利店，收款码的扫码次数更是能达到每天几百次；在全国各个城市的地铁中，大多数人都告别了公交卡，选择扫码进站，每次只要3~5元人民币，偶尔还会获得五折的优惠；打车、吃饭、外卖，都可以选择手机支付；甚至在繁华的商业街或者地铁口，那些熟悉的乞讨者，已经不要现金了，胸前挂着一个二维码，实现了“数字乞讨”。

移动支付，或者更准确地说，基于二维码的移动支付，已经在很大程度上改变了人们的支付习惯，甚至在很大程度上改变了金融体系的运行规则。然而，移动支付从开始发展到如今的盛况，只用了不到10年。

如果从时间上倒推的话，移动支付真正被人熟知是在2013年。那一年的春节，微信凭借红包功能迅速占领市场。随后的几年间，无论是滴滴、快的的网约车之战，还是摩拜、ofo的共享单

---

① 资料来源：中国人民银行《2019年支付体系运行总体情况》。

车之争，抑或是美团、饿了么的外卖“PK”，移动支付提供的产品和服务都成了底层基础。

但如果从2013年再向前推进2年，我们会发现，移动支付对于很多人来说还是陌生的概念。

就在这一年，韩森决定将自己最新的创业项目布局在移动支付领域。从当时看，这样的创业项目略显超前，但如果把韩森当时权衡的三个创业项目放在一起对比可以发现，移动支付无疑是其中最具商业潜力的。

“我当时想了三个方向。第一个是移动支付，第二个是基于VR的虚拟游戏，第三个是把农村的农产品卖到城市里来。”对于初期的创业方向，韩森认为，他在创立盒子科技之前，在芯片和手机制造行业分别留下了自己的足迹。所以，对于移动互联网，韩森有着非常独到的见解，加上NFC移动支付的兴起，给了支付服务行业外部发展的空间，从事支付服务便成了韩森的首选。

回过头看，当时的另外两个创业方向也具有前瞻的战略眼光，一个是基于VR的虚拟世界游戏，原理有点像现在B站的弹幕交流——相同的旅行路线，不同的时空——人们在虚拟的世界中交流，并在不同的空间和时间里交汇；另一个本质上是社区电商，通过整合物流、农产品基地和城市社区，把农产品直接搬到城市中来，减少了中间环节。这样既可以降低成本，又能使农民增收，实现农业的升级和发展。

当然，选择支付服务无疑会最为成功，也更容易将自己的创业成就和经验分享给更多人。此外，还有两件事促使韩森选择了支付服务。

在2010年前后，中国的互联网公司创业还处在跟随国外模式的阶段，既C2C（Copy To China）如京东模仿亚马逊，淘宝模仿eBay，连QQ都是ICQ的翻版。在当时，只有被国外互联网公司印证过的商业模式，才能被国内的投资人认可。

无论是基于VR的虚拟游戏，还是社区团购，在当时都找不到成熟的商业模板。而移动支付不同，Square和GoPayment都在国外取得了成功，尤其是Square，在当时已经是全球层面的明星创业公司了。

随着iPhone 4的成功，智能手机成为移动设备的主流，也给盒子科技从事支付服务奠定了硬件基础。

当时，围绕着支付展开的服务还是一个极其传统、发展缓慢的行业，不过，当时的市场需求还处于极其旺盛的状态。2011年，全中国的发卡（含信用卡和借记卡）数量已经超过了60亿张，有6000万~7000万户商户对支付以及与支付有关的POS机有需求。然而，当时拥有POS机的商户才800多万户，而且大都是大商场。大多数非一线城市的消费者，还只能通过现金进行交易。

几十亿张银行卡只能在几百万台POS机上进行交易，移动支付服务和移动POS机的硬件供应服务，无疑是一个巨大的蓝海。

真正让韩森下定决心的，是他在银行的一次排队经历。2010

年前后，人们的支付方式还以现金支付为主，需要先去银行窗口或者在ATM上提取现金，再用现金进行消费。

一天，韩森来银行办理个人转账业务。当天恰好赶上周边公司发工资，来银行办业务的人特别多，韩森只能取了号慢慢等。

一个多小时过去了，前面还有不少人。他想着先出去买瓶水、透个气，然后回来也就差不多该到他了。没想到，等他回来，号过了。他只能重新取号排队。就这样，用了将近4小时才搞定一个简单的转账。本来几分钟就能办理的个人转账业务，韩森花了整整一下午的时间。也是因为这次经历，他坚定了做移动支付的信心。

于是韩森将自己的业务逐步向移动支付行业转型，同时潜心研究前沿的金融环境和支付形态，并提出了iPOS概念——就是把POS设备通过硬件和软件的结合，移植到手机上，提供移动支付服务。随后韩森于2011年3月在深圳的华强北成立盒子科技。

## 03 梦启华强北

如果将每个城市形容为一本书的话，那么，深圳这本书，一定会在扉页上面写下三个大字——华强北。

从21世纪初开始，华强北不断上演着草根创业、普通人逆袭的故事。这股发起于华强北的创业热潮，成就了无数的企业家——最著名的莫过于马化腾和他的腾讯，就起步于华强北赛格广场的五楼。

韩森和他的盒子科技，也从华强北这块神奇的土地起步。在华强北的深纺大厦1005室，韩森和他的团队开启了他们的创业梦想。

对手机、芯片以及互联网创业大趋势有着无比信心的韩森清晰地认识到自己的短板，那就是，他和他现有的团队在当时还从未涉足过金融服务领域。于是，韩森并没有急于展开业务，而是先做了三件事：结束手机业务、体系化地学习金融知识和法律法规、组建专业化团队。

就在韩森准备大干一番的时候，华强北也迎来了自身在发展历程中最关键的节点。2008年，华强北在电子第十届高交会上被授予了“中国电子第一街”的称号，风头一时无两。

不过，高光之后总是落寞。2010年前后，由于苹果、谷歌等公司开始在智能手机领域亮出了自己的“獠牙”，华强北开始疯狂复制苹果系的电子产品。此时的华强北还有它最后的余晖，一些钝感更高的创业者，甚至还感受不到市场变化给他们带来的危机。

但是，韩森开始意识到，华强北已经不能再这样继续走下去了。所以，他逐渐淡出了手机业务，转到支付服务的方向上。

在做行业背调时，韩森发现，国外已经出现支付服务这类模式的萌芽，但国内监管方面的政策法律法规对于安全的要求以及用户习惯等与国外都有所不同，直接复制国外的经验显然不可能成功。经过相当长一段时间对前沿的金融环境和支付形态的潜心研究，他提出了iPOS概念，即将POS设备通过技术手段移植到手机上，完成支付的移动化。准备就绪后，盒子科技在2011年3月终于正式启航。

此前很多做支付服务的商家，基本都没有自己的产品，而是直接购买市面上已有的产品。但是韩森认为，“我们一定要自己研发产品，把核心竞争力掌握在自己的手中”。于是在没有天使投资人加入的情况下，韩森先把自己的积蓄拿了出来，开始进行技术研发。

凭借对手机市场的了解，盒子科技的团队非常坚定地认为，智能手机一定会迅速普及，而这正是iPOS成功的条件，也是盒子科技能够成功的重要机遇。用户经历了从互联网时代到移动互联网时代的转变，随着智能手机的普及，他们能快速接受移动支付。显然，他们当时的判断是对的。

新的支付模式对安全性的要求极高，而当时的读卡设备中，蓝牙和耳机孔的安全水平最高。盒子科技在起步阶段对标的是Square 的软件，用音频接口做读卡设备。很快，盒子科技的技术团队就研究出了第一款产品。当时，国外还没有安全认证，而在中国没有安全认证是很难获得刷卡信用的，于是，他们又增加了加密系统和双向认证，实现技术升级。

慢慢地，盒子科技的产品成形了，聚集在韩森身边的伙伴也变得越来越多，一切都朝着好的方向发展。

但是，韩森依然在单打独斗，他需要共同的决策者来帮助他。加入盒子科技的伙伴都是专才，但在管理和公司发展层面，他需要有人和他一起努力。就像亚瑟王需要圆桌骑士，达达尼昂需要三个火枪手一样，彼时的盒子科技，需要一个核心团队，而非韩森一人努力。

创始团队，究竟在哪里呢？

# 目标决定方向

CHAPTER 2

让优秀的人才在公司的主战场和第一线感受他们自己的价值。

——杰克·韦尔奇

## 04 铁三角的默契

“我觉得他们三个人就是天生的铁三角！”

在盒子科技，创始团队之间的默契让公司的所有人都觉得非常踏实。创始人兼CEO韩森负责把握公司整体发展规划以及业务端的事情；联合创始人兼CTO吴松负责技术和产品开发；联合创始人冬哥负责与银联等金融机构的对接合作。

正是通过三个人十年的亲密合作和共同努力，盒子科技才有了今天的成就。

“不要和最好的朋友一起开公司”的理念被很多创业者奉为圭臬。大多数创业者赞成这条原则的主要原因就在于，创业必定伴随着公司经营理念的分歧、发展方向的矛盾等，即便再好的朋友，也很难经受住长年累月的争执、争论甚至是争吵。

不过，盒子科技的“铁三角”却一直在创业这条路上坚守了十年。

12年前，韩森在电梯里遇到了当时在手机行业有着不错发展的吴松。“我们真的是在电梯里面遇到的，因为我上家公司做手机，他也做手机。”韩森说，他当时在电梯里看到吴松用的是他所在公司生产的手机，两个人就聊了起来。

“手机用起来感觉怎么样啊？还有什么值得改进的地方呢？”两个人下了电梯又继续聊了30多分钟，彼此留了电话号码，就各奔东西了。

从电梯分开两年后，吴松有一天突然接到了韩森的电话：“我创业了，兄弟们要不要来一起聊聊。”经过几番彻夜长谈，吴松最终决定加入韩森的创业团队。不仅如此，吴松还带来了黄利庆、朱克锋、韦元话、张永鑫等人，慢慢地，盒子科技的技术团队搭建了起来。

其实，韩森找到吴松，还经历了一番曲折。软件开发需要专业的人才来负责。韩森第一时间就想到了当年在电梯里遇到的吴松。但两年过去了，韩森只记得他姓吴，想不起他的全名了。为了找到吴松，韩森用了一个“最笨”的办法。他把手机通讯录里姓吴的人的电话都打了一遍，直到听到吴松的声音，韩森的心里才踏实下来，终于找到这个人了。

“兄弟，还记得我吗？我们两年前在电梯里聊过一次。”

“……好像想起来了。”

“我这边有个项目，你有没有兴趣一起搞点事情？”

就这样，吴松被韩森“拐带”入伙了。从那以后，盒子科技正式迎来了自己的CTO。

盒子科技的另一位联合创始人冬哥是韩森的高中同学。冬哥一直在上海发展，从摩托罗拉的软件工程师，一路做到头部支付公司的首席架构师，职业生涯虽然顺遂，却少了几分激情。直到韩森创业后来到上海，两个老同学坐在一起叙旧。

“你现在做哪行？”

“我现在做支付服务。”

“……我也在做支付服务。”

“要不，咱们一起干吧？做手机的时候，就想咱们一起干点事儿了！”

就这样，一个月后，冬哥从上家公司离职，加入了盒子科技。作为最核心的合作伙伴，与银联等金融机构的合作对于盒子科技来说非常重要，所以，与银联保持顺畅的交流和沟通就显得非常重要。从加入盒子科技的那天起，冬哥就组建起上海分公司，负责与银联以及其他金融机构的合作对接。

三人不仅分工明确，性格也非常互补。韩森热情如火，永远精力旺盛、激情澎湃，就像一把利剑带领着整个公司向前开拓；吴松稳重如山，且内心无比强大，任何技术层面的难题，他都会以“专治各种不服”的方法来回应；冬哥平静如水，情商高，能够维护好盒子科技的各方合作关系。

作为CEO，韩森永远保持着开拓和进取的精神。对于公司的发展方向，他的想法总是最多的。但要让梦想照进现实，总需要有所妥协。“吴松就是能把老韩拉住的那个人。”在盒子科技人的眼里，韩森的尝试和开拓仿佛天马行空，而实现这些美好的愿景需要有稳重踏实的伙伴来互补，吴松和冬哥就恰巧在对内和对外方面扮演了这样的角色。

彼此欣赏、相互成就、共同努力，这是盒子科技三位创始人之间的默契。正是这种默契，让三人一路走到了今天，也找到了彼此最恰当、对公司最有利的相处方式。

“老韩是个有激情的人。”在吴松看来，韩森身上与生俱来的激情是一个创业者成功的必要条件，他也认同韩森的这种激情和态度。

吴松认为，韩森对于公司业务边际的不断探索和尝试是创始人必须具备的品质，也只有对新的业务保持这样的“饥饿感”，公司才会具备不断进化、持续向上的能力。当然，硬币永远都是有两面的，这种持续的探索和尝试会带来一个问题：整个公司会不停地向新的领域探索，但与此同时却难以维持一以贯之的发展战略。

作为合作伙伴，吴松会用自己的方法来“拉”住韩森，不是拍桌子，而是讲道理。“我是用体系化、框架化的方法把他拉回来的。”吴松说。团队在尝试探索时，也需要相对稳定的目标，所以，他会用结构化、框架化和体系化的方法来为韩森查漏补缺。

每个人都有自身认识的盲区，也有知识结构的盲点，所以团队的力量显得尤为重要。吴松希望自己能够尽量解决韩森的某些盲点。比如，当盒子科技团队接触到新想法或者新业务时，盲区和盲点会被第一时间的兴奋所掩盖，从而使团队忽视很多潜在的风险，使一件事情显得过于美好。就像一座冰山，每个人都觉得看到了100%，但实际上90%藏在海面之下。

这个时候吴松就会站出来，用自己的客观和理性说话，把冰山海面下的那90%展现给韩森看，然后再让他自己做出决定。

“（最好的方法就是）给他讲事实。我们看到一个东西都很兴奋，例如，当看到一场烟花，你就会觉得万事万物都很美好，这时候我们就带他去看看那些燃放烟花、生产烟花的人背后艰辛的生活。他是看得到的，也是会思考的。”吴松用了这样一个例子来形容自己的做法，他认为，自己能说服韩森，不是靠兄弟感情，而是靠摆事实讲道理。

“我经常说我跟老韩有三种身份。”吴松说。第一个是CTO，强调这个是因为从公司职能来说，他得服从于韩森。从管理的角度来说，作为联合创始人的吴松是小股东，而韩森是创始人，也是公司的大股东，从股东的角度他也可以跟韩森进行沟通。第三个身份才是朋友。

用CTO的身份分析问题，用股东的身份讲道理，然后才是朋友，彼此的分歧关上门怎么怼都可以，但在公司，必须用客观、理性和框架来做事。这就是吴松和韩森的相处之道，这种方式也让他们合作了将近10年的时间。

欣赏、尊重、妥协、坚持，三人用各自的方法让盒子科技走到今天，彼此守护着刚刚创业时的那份热情和心境，也都始终认同对方的态度和价值观。就像诗中所说，“若是初心未改，多应此意须同”。

## 05 “来吧，我们一起搞事情”

一个人走得快，一群人走得远。想成为一家成功的公司，盒子科技就需要招揽更多更优秀更专业的人才。

盒子科技创立之初，韩森就一直希望能够招揽更多的人才，形成盒子科技的中坚力量，吸引各个专业领域的高手进行团队作战。

早在2011年初，韩森还在三个创业方向徘徊的时候，他就已经认识了后来的公司副总裁钟志华。“他（那时还）只是有一个

idea，但是我一听他这个（想法），就觉得眼前一亮。”钟志华后来回忆说，韩森当时的想法实际上就是想创业做一个基于智能手机的刷卡头，并用这个产品作为介质，将盒子科技的支付服务业务延展到各种便民业务中，比如充值、还信用卡、充话费等。

然而，在2011年前后，智能手机还是以电容屏为主，运行速度非常慢。在这样的设备上做刷卡设备，难度可想而知。此外，2011年整个社会的平均收入水平并不高，深圳的房子均价只有每平方米一万元人民币左右，可一台稍好一点的智能手机就要四五千元，因此，智能手机的市场规模一直都不大。市场容量小决定了很多人并不看好移动支付服务的业务，当然也包括那时候的钟志华。

2013年8月1日，钟志华终于被韩森说动，加入盒子科技的团队。“在2013年上半年，我其实已经知道盒子科技陷入不小的危机了，不过我还是坚定地选择加入盒子科技。”钟志华回忆称。他在盒子科技没有完全渡过难关的情况下就加入进来，主要是基于他长期以来对韩森的了解。一方面，他了解韩森是一个什么样的人；另一方面，他清楚韩森对创业、对支付服务行业的执着和信念。

钟志华觉得，从盒子科技的发展路径来看，韩森想做的事情确实是未来支付行业的发展方向。“当时我接触很多支付公司，但没有一个有这样的发散性思维。”钟志华说。韩森在公司发展路径上面的判断和其思维的开拓性，让他做出了加入盒子科技的决定。

直到现在，钟志华依然负责盒子科技的整个业务支持条线，不断提升盒子科技支付服务中的用户体验。

银联等上游的金融机构是盒子科技最重要的合作渠道方，双方进行合作对接非常重要，而这需要对行业的了解和对政策的熟悉。2014年7月，盒子科技的联合创始人冬哥从浦发银行挖来了彭子洁。其实和钟志华的情况差不多，2011年，彭子洁在银联商务总公司的创新部任职期间，已经和盒子科技有过不少的接触。后来，他进了浦发银行。

不久后，创业的热潮让彭子洁燃起了对创业的渴望。

这时，盒子科技的管理层再次找到他，希望他可以参与盒子科技的创业。这一次，彭子洁没有犹豫，他选择了加入这个成功一起狂、遇到挫折一起扛的团队。这一次，他代表盒子科技与“老东家”银联商务建立了合作，也代表盒子科技与不同的金融机构对接合作。

2014年底，已经在工商银行体系里面打拼多年的宋美荣陷入迷茫。于是，他开始思考下一步的选择。

宋美荣说：“当时有两个选择，一个是我同学，他在成都创立了一家公司；另一个就是盒子科技。”最终，还是韩森对于事业的执着和热情打动了他。盒子科技能够给他的空间更大，同时，盒子科技在做的事情和他5年以来做的事情紧密相关，既满足了他挑战自己的目标，又使自己积累的专业知识得以发挥。

作为宋美荣的“伯乐”，欧铁帅（现任工行深圳分行副行长）对他说，在盒子科技这个高成长性的团队里，你不但能够获得成长，还能够让自己的事业走得更远。

于是，宋美荣加入了盒子科技，一干就是五年。在这五年里，他慢慢接手销售团队，将自己雷厉风行的风格印在了每个人心中，他带领的整个团队能拼敢干、不畏艰难。

就这样，盒子科技从各个专业领域拉来自己的高管团队，让这些人在各自的领域中发挥自己的专长。让专业的人做专业的事儿，永远都会让公司得到最直观、最丰厚的回报。无论是快速成长，还是经历低谷；无论是一帆风顺，还是遭遇坎坷，盒子科技人始终都秉承着“相信相信的力量”的理念，不曾放弃努力。而这种自上而下的努力，也让加入盒子科技的年轻人变得踏实、奋进、坚韧。

## 06 神奇的招聘广告

要做好支付服务，最重要的一件事就是保证支付环境的安全。所以，在团队创立之初，韩森和吴松就亟须找到一个在加密和支付方面有经验的人加入团队。

于是，一则招聘加密机技术工程师的招聘广告就这样发出去了。不过，招聘广告发出之后却石沉大海，完全没有任何的反馈，这让当时负责招聘工作的李德灿有点纳闷。于是，他就去各大招聘网站上搜了一圈。结果他发现，将“加密机+支付+开发”几个关键词放在一起，全深圳就能搜到两份简历。

“守株待兔”已经不可能了，主动出击成了唯一的选择。于是，李德灿就找到了当时在另一家第三方支付公司从事技术开发工作的杜远。对于杜远来说，大学毕业已经两年，他正处在自己事业的第一个瓶颈期，需要寻求新的突破。于是，接到电话之后，他犹豫了一下，还是来面试了。

“面试完了，就入‘坑’了。”杜远回忆说，他本来对于入职盒子科技是持犹豫态度的。因为他上一家公司的办公环境更好一点，而当时盒子科技的办公地点还在华强北，整个办公环境还比较“寒酸”。

拥挤的工位、闷热的办公室、略嘈杂的环境，这些对于来盒子科技应聘的人而言，无疑是一个巨大的心理考验，但凡谁稍微犹豫一下，可能就不会来了。

杜远的顾虑最后被CTO吴松打消了。

吴松很清楚杜远的担心，也非常理解他。吴松告诉他盒子科技究竟在做什么，究竟想要做什么，在支付服务行业，盒子科技的未来就是星辰大海。

后来，吴松又去找杜远，请他吃饭，跟他聊技术、聊创业、聊未来……他们就这么聊开了。杜远说："来盒子科技，还能学一下APP的开发，还是蛮吸引我的。"杜远到了盒子科技后，真的感觉到，大家是靠着信念在创业，每个人都热衷于分享自己的成就，分享自己的经验，分享自己的成长。最终，杜远不仅来了，而且用最敬业的态度在盒子科技工作——一干就是九年。

比杜远更早接触盒子科技"糟糕"工作环境的是把他招来的李德灿，韩森刚刚在华强北找好办公室，李德灿就来了。当时，李德灿一进门就吓了一跳，办公室里只有韩森一个人，员工还没有，办公的地方只有一个沙发，还是破的。

"类似这样的网站，你能做吗？"

"能。"

"那你周一来吧。"

"……"

韩森和李德灿的这番对话，让李德灿一时有些迷茫。他想，这不会是遇到不靠谱的公司了吧？他在网上百度了韩森的相关新闻，看到韩森已算创业成功，并且已经在安徽老家捐款建学校、修路，做了很多公益，才放心来到盒子科技。

来到盒子科技之后，李德灿在做产品的同时，还要负责HR的工作。杜远是他找到的，胡德坤也是经过他的筛选来到盒子科技的。

2012年底，盒子科技的硬件产品研发基本成形。盒子科技计划将产品和支付服务业务正式推向市场，并需要聘用一些在支付服务业务和技术层面都有积累的人才。而胡德坤之前在上海一家第三方支付公司给银行做支付相关的项目，也专门给银行做过收单系统。

“当时我妻子刚好在西安生第一个孩子，我就计划回西安发展，而且我已经在西安找到了一份工作。”胡德坤回忆说。吴松在网上找到他的简历，就直接给他打电话，简单说了几句，就对他说，电话说不清楚，你把身份证号、姓名发给我，我给你定周五晚上过来的票。胡德坤来到深圳后，先后跟韩森和吴松各聊了两个多小时。

胡德坤觉得，盒子科技做的事情正是他想要做的，因为在他的工作履历中，以前就职的公司都是做相关业务的。然而，盒子科技当时的业务刚刚起步，能给他的薪资待遇并不高，来深圳的工资和他在西安的也差不多。

可即便如此，这个薪资待遇已经让韩森和吴松犹豫万分了。李德灿后来回忆说，虽然胡德坤来盒子科技只能算平薪入职，但工资已经比吴松都高了。另外，当时盒子科技的现金流并不稳定，万一让他从西安来了，公司一旦出了问题就等于是坑了人家。

最后还是吴松做了决定：“还得让他来，公司转型就必须要优秀的人才，否则今后盒子科技这家公司也就没有什么发展前景了。这样一个懂业务也懂技术的人，还是要努力促成他的入职。”李德灿说：“让他（胡德坤）来了之后，相关业务确实开始做起来了。”12月14日，胡德坤只身一人从西安南下深圳入职了盒子科技，因为他承担了家里的全部开支，所以即便在盒子科技最困难的2013年上半年（当时很多同事都没拿到工资，高管更是半年没有收入），韩森和吴松还是想办法保证了胡德坤的收入。这一点让后来才知道这件事的胡德坤非常感动，在后面的新系统开发、数据库拆分重建等重大项目上，他始终冲在最前面。

盒子科技对于人才的“执着”和“包容”，从韩森传递给了吴松，又从吴松传递给了胡德坤。

2012年5月，刚刚大学毕业的郭峻宏来到盒子科技。刚到公司的那段时间，郭峻宏一直在做支付对账业务，做了三四年之后，乏味和迷茫让他有了新的想法：要不然，回湖南老家去做农业？

当时公司是想挽留郭峻宏的，不过也尊重他的个人意愿。于是，公司就给了他一个折中的方案。盒子科技当时的负责人对郭峻宏说：“你先回去，给你三个月时间，如果事情达到了你的预期，你就可以不来上班了；如果距离你的预期比较远，你就回来继续和我们一起创业。”回去三个月之后，郭峻宏发现，深圳快节奏的生活和创业氛围才是他想要的。他最终下定决心，还是要回深圳闯一闯。

回到深圳，郭峻宏先后和胡德坤、黄利庆聊过后，就换了基础开发部负责安全开发的相关工作。之后，他开始不断拓宽自己的知识边界，随着经验的积累和不断的学习，郭峻宏慢慢地成长起来了。

来到盒子科技的每一个人，看重的都是公司积极向上的创业氛围和事业的发展空间，每个人来这里，都是希望做出一番事业的。

2013年就来到盒子科技做人力资源工作的方芬，在招聘中和来盒子科技的应聘者说得最多的就是“需要有创业精神的人”，她也希望能够找到可以适应盒子科技这种创业氛围的伙伴。

一群想干一番事业的年轻人，面对一个全新的行业，开启了他们的创业之旅，而在前方等待他们的是星辰大海。

## 07 小公司的大理想

任何一家成功的公司，在创立之初，都曾立下一个伟大的目标，然后，一步步迈向那个伟大的目标。

苹果的理想是改变世界，阿里巴巴希望天下没有难做的生意，三星希望为人类社会做贡献，迪士尼希望让人们过得更快乐……

虽然在过去、现在，甚至之后的很多年，盒子科技或许都很难与那些跨国公司相媲美，但这不妨碍盒子科技人拥有伟大的理想。

盒子科技人希望通过自己的努力，让支付服务变得更便捷、更简单，让人们的生活变得更美好。而在盒子科技成立的那年，支付服务的行业变革已经来了。2011年5月，Google在旧金山和纽约测试移动支付系统Google Wallet服务引起行业媒体关注，许多人称其为“改变未来的移动支付技术”，NFC、二维码、超声波支付等不同支付形式的技术开始逐渐成熟。

每一次技术的革新，都会带来新的消费场景和商业模式，从而改变人们的生活。智能手机取代传统钱包的支付模式的技术革命，显然会再一次掀起一场改变世界的浪潮。

盒子科技的团队希望通过提供支付服务业务，将未来公司主要的盈利模式打造成B2C商务平台的运营、B2B行业资金管理解决方案的商用以及各种支付转接的分润，最终的目的是更好地支撑C端业务，让水电煤气缴费、信用卡还款等便民缴费业务以及跨行转账等面向C端用户的增值金融服务能够实现高效且零费率，从而提升普通消费者的支付效率，并降低支付成本。

“曾经跟韩森见面，到华强北看他们团队，我记得很清楚，在华强北一个特别逼仄的屋子里。没有窗户，两台直径一米多的大电风扇对吹，七八个小伙子光着膀子开发第一代软件支付程序，给我印象特别深。”元航资本张志勇是盒子科技的种子轮投资人。他承认，投资盒子科技更多的是被整个团队的信念感和积极的态度所打动，让他坚定地选择了站在盒子科技的背后。

在成立之初，盒子科技的团队就坚定地相信，他们创业的最大价值在于未来在国家相关政策下为中小型商户提供支付服务以及配套的中小企业级金融服务。所以，他们给自己定了两个目标：第一，全力做好个人移动支付服务的应用，在银联持卡人中进行普及，引导和培养用户的使用习惯；第二，不断升级、完善自己的软硬件系统，优化支付服务的安全体系，降低业务环节中的风险，从而在移动便捷性和安全控制之间寻找一个最终的完美结合点。

为此，他们在第一代刷卡器上就采用了将RSA1024位非对称算法与对称算法相结合对卡号进行硬件加密的技术，在盒子科技产品上刷卡，卡号通过硬件直接加密。客户端的密码通过乱序键盘来输入，输入后马上加密，并通过在公网中建立专线传输给服务器，从而大大拦截了手机木马。卡号和密码分别加密传输，没有私钥任何人都解不开，并在传输时采取一次一密的方式。这样黑客截取、破解、匹配成功的可能性微乎其微，破解成本也远远大于可能获得的利益。

凭借着不断开拓创新，盒子科技收获了自己的第一个客户，实现了第一单成交，申请了第一个专利，也逐渐开始和众多金融机构展开合作。创新，成了盒子科技成功的第一道密码。

# 创新的烙印

CHAPTER 3

为了保证企业的持续发展，所有部门都要反复钻研创新，不断向新事物发起挑战。

——稻盛和夫

## 08　第一款音频手刷设备

移动支付的发展需要两个条件：智能手机市场的成熟和第三方支付服务的放开。2011年，这两个条件同时达成了。

这一年，iOS和安卓操作系统逐渐取代了塞班，人们开始以光速跨入移动互联网时代。

同样在这一年，中国人民银行发布公告称，中国人民银行已向27家机构下发"非金融机构支付业务许可"，第三方支付业务逐渐放开。

不过，彼时的所有人都还在摸索如何将支付与手机结合，从而让人们的支付变得更加便捷、高效。

"怎么让手机和移动互联网改变支付？我就把手机变成POS机

不就完了吗？”韩森的思维保持了他惯有的跳跃。盒子科技的团队最开始把研发重心放在了蓝牙上，希望用蓝牙连接外接设备，实现实体卡刷卡支付。

韩森说：“一想这个东西就兴奋，觉得能成，结果查了查美国有一个Square，比我这个想法还要好一点，直接在音频口上插个设备，就可以支付。”他们计划利用手机的耳机接口，通过脉冲形成一种电流，很好地解决外接设备的供电和安全识别等问题。

盒子科技还为这项技术专门申请了专利，当时负责开发的技术人员说：“我们还做了加密芯片，因为国内有更高的安全要求。”就这样，技术团队实现了把手机变成POS机的预想。

在当时，盒子科技是国内第一家做手机刷卡设备的创业公司，所以被称作“中国版的Square”。

韩森一直坚定地认为，盒子科技的目标就应该是通过技术的不断迭代升级，提升支付服务，实现支付生态的不断优化，从而给更多用户和商家带来效率和收益的提升。但是，投资人需要的是一个简单明了的“故事”。因此，做“中国版的Square”就成了盒子科技发展过程中的第一个阶段目标。

成立于2009年的Square，在当时已经成了支付领域的独角兽，吸引了全球投资人的目光。而彼时的中国互联网行业创新，还处在C2C（Copy To China）阶段，腾讯模仿了ICQ，微博模仿了

Twitter，人人网模仿了Facebook，淘宝模仿了eBay。这样的借鉴和模仿能够最快获得投资人和用户的信任。

“有一次我从老家坐大巴到广州，正好在车上看到一份报纸，上面写的是Square。”2012年来到盒子科技的韦元话，就是因为盒子科技“中国版的Square”的称号而来的，当他听到同学说盒子科技正在做自己的音频刷卡器时，他就很坚决地来到了盒子科技。

“中国版的Square”这个称号也让Square注意到了这个来自中国的初创公司。2011年6月，盒子科技收到了来自Square的一封并不友好的英文邮件，指责其为“Blatent Square Ripoff”——Square明显的抄袭者。

邮件原内容：Some of us attempt to create something of value in this world.Others just take someone’s good idea and copy it.I know in your culture you doesn’t consider what you’re doing as "theft", but in our culture what you’ve done is something that everyone here would look very badly upon.Thanks，I guess，for validating that we did a good job by completely ripping us off and having no actual ideas or talent yourself.

对于对方的不友好，韩森用中文给对方回复了一封邮件。在邮件中，韩森申明：“我们在两年前就提出了iPOS的概念，也相信Square的模式并不适合中国。我们研发的iBOX与Square差异很大，你们是单向输入，我们是双向输入，并支持EMV/RFID/sensor，因此，我们的商业模式并不相同。”

尽管被称为“中国的Square”，但凭借着技术层面的开拓和创新，盒子科技还是让自己的产品和商业模式变得独特起来。双向音频通信技术和音频安全信息的金融级加密技术为盒子科技所首创，这也正是它与Square最为不同之处。而与国内同类产品相比，它的优势则在于在硬件中增加了加密芯片，在数据输出硬件之前实现了硬件加密。

正是这次双方在产品、商业模式层面的争论，让Square意识到了自己产品本身的安全问题，所以在后来的产品升级中，他们对产品进行了改进，通过加入安全芯片弥补安全漏洞。

## 09 第一个属于盒子科技的专利

体现创业公司创新能力的维度有很多方面，包括产品力、商业模式等，但事实上最能直观体现整个团队创新水平的，还是专利的数量和质量。

华为之所以能够在全球通信业务上占据领袖地位，与其庞大的专利数量是分不开的。专利成了每一个以技术为核心竞争力的创业公司所追求的重要目标。“从公司创立伊始，我们就非常重视技术创新能力，尤其是在专利知识产权方面。目前盒子科技已经持有74项国内申请专利，4项项目PCT，62项国内已发证书专利，216项注册商标，36项软件著作权。”曾负责盒子科技二代支付服务系统开发的胡德坤认为，虽然这些专利都很重要，但对于盒子科技来说，最重要的还是第一个专利——音频手机刷卡设备。

2011年4月，盒子科技刚刚成立不久，技术团队就已经为公司申请了《基于耳机插孔的数据发送、接收、传输方法及系统》的相关专利。这项专利很有趣：在发送侧，在确定用户需要传送的文件后，将要传送的文件的帧信息转换成音频格式的文件，然后将该音频格式的文件通过耳机插孔播放语音信息；在接收侧，从耳机插孔处接收语音信息，调用录音器将语音信息录制成音频文件，再将该音频文件转换成帧信息，并将帧信息还原成传送的文件后保存。

这样一来，盒子科技不但解决了智能手机和POS机的兼容问题，也解决了支付安全性问题，方法如下：通过标准的音频口（3.5毫米）与智能终端设备连接，可受理标准的银行磁条卡，将刷卡获得的磁道数据以加密的形式通过 MIC 口传送到智能终端中的客户端程序，再由客户端将交易的订单信息、加密的磁道信息、加密的 PIN 通过移动网络或者无线网络送到支付交易平台，完成现场支付。

一直以来，3.5毫米的手机音频接口都是一个未得到重视的入口。但这一接口兼具输入和输出功能，先天具备规范标准，适用范围广。从单项技术上看，盒子科技手机 POS 机将手机音频口通信、磁条卡刷卡器、RSA加密算法、移动互联网通信、SSL数据通信等技术融合在一起，激发出一种有趣的移动支付方式。

通过这项发明专利，盒子科技与中国银联合作推出了基于这项专利研发出来的手机刷卡设备—— VIPOS 。凭借着技术优势，盒子科技的刷卡器产品从2012年4月正式面向市场销售以来，在没有任何宣传和推广预算的情况下，仅仅依靠用户的“自来水”就实现了销量的飞速增长。截至2012年12月底，在产品上市仅仅半年多的时间里，盒子支付就将便民服务交易的支付服务覆盖到了全国8个省份，所拥有的用户数量几乎呈现几何式增长，其中活跃用户的比率更是超过了50%。

韩森回忆说，当时公司定名为盒子支付，与这样一款手刷设备分不开，既然最核心的产品就是这个小盒子，那不如就叫盒子支付好了。渐渐地，盒子支付的名字就这么叫出来了。韩森觉得，这样一个小盒子，就应该像百宝箱一样，未来做出更多不一样的东西，慢慢成长为一个“伟大的盒子”。为了实现这个目标，韩森和他的团队一直在努力，也从未忘记自己当初为什么出发！

# 10 第一个融合支付二维码

2016年，苹果CEO库克来到深圳的一家星巴克，打算推广一下自己的苹果支付，当他开心地拿着自己的苹果手表付钱时，却发生了一件令他难堪的事情——支付失败。

在科技圈，能让苹果如此尴尬的场景并不算多，而在中国进行移动支付恰巧算一个。在国外的应用场景，苹果支付以NFC为核心技术，但在国内，消费者最习惯使用的支付方式却是二维码支付。

而最令盒子科技人骄傲的，除了音频手刷设备之外，就是团队在二维码支付服务领域的技术创新。

1992年，美国符号科技公司（Symbol Technologies，Inc.）推出名为PDF417的二维条码，二维码从此诞生。经过逐渐演变，二维码的国际主流标准以QR码和DM码为代表。QR码是日本主流的手机二维码技术标准，除具有识读速度快、数据密度大、占用空间小的优势外，还可高效地表示汉字。

QR码诞生于日本，却兴于中国。相比于NFC支付，二维码支付是基于账户体系搭建起来的支付方案，几乎不涉及硬件设备改造，这无疑更适合当时的国内市场。2012年夏天，打车软件的出现让线上二维码支付迎来了发展的最好契机。小额、高频场景与二维码支付相契合，成为扫码支付最先普及的领域。

2012年11月，盒子科技推出中国第一个线上线下融合二维码支付产品——QRPOS一拍付。如果从现在向回看，与支付宝和微信开始更加偏重线上的二维码支付产品对比，盒子科技的QRPOS产品更具有前瞻性，因为这是当时市面上第一款兼容了线上和线下支付服务的产品。

“你们在支付领域要创造出颠覆性的产品，要Change Everything。传统，商户的刷卡设备都是由支付服务机构提供的，哪一天如果用户可以脱离设备就能刷卡付钱给商户，这个就成了颠覆式创新！”当时的很多投资人都对盒子科技提出了要创造出颠覆性产品的要求，而在当时最好的载体就是二维码。

如果你在2011年前后去过香港的话，应该会有比较深的印象：当时，香港的公交车上到处都贴着产品的二维码广告，而内地的二维码购物，大都只能进行商品浏览。消费者在扫描二维码之后，获得商品、商家的信息，在消费时出示信息内容，并未真正完成一拍即付的过程；或者是消费者在拍摄商品二维码之后，仍然需要通过线上的第三方支付公司完成支付。

想到这一点，团队的所有人都很兴奋，大家都觉得，如果这件事成功了，移动支付的新纪元将会开启。

技术团队将整个QRPOS操作流程拍成一个视频上传到微博上，得到的消费者反馈是非常积极的。通过手机识别带刷卡信息的二维码，用户可以直接利用插在手机3.5毫米音频孔上的盒子科技刷卡器完成刷卡支付。

QRPOS一拍付这款产品同时支持线上支付和线下支付，用户只要有带有银联标志的银行卡或者信用卡就可以使用。它不仅方便了普通的C端用户，也给盒子科技带来很多B端用户。通过开放SDK给电商，盒子科技在当时给真心网、苈苣网、苏宁易购等电商提供了全方位的移动支付解决方案。

然而，就在韩森准备以此为契机大干一场的时候，风向突然变了。

2014年3月14日，央行下发《关于暂停支付宝公司线下条码（二维码）支付等业务意见的函》，文件要求全面评估线下条码（二维码）支付、虚拟信用卡的合规性和安全性。央行方面解释称，暂停原因是条码（二维码）应用于支付领域有关技术、终端的安全标准不明确，相关支付指令验证方式的安全性尚存质疑。

对于以支付服务为主业的盒子科技来说，安全合规是最重要的事情，所以QRPOS产品的持续开发和业务推进就被搁置了。

然而，仅仅三个月后，支付宝就低调重启二维码支付，并在上海补贴推广。8月，微信支付也推出“面对面收钱”的功能，重启二维码支付业务。

随后，凭借强大的线上用户基础，微信和支付宝慢慢将触角伸到线下，实现了真正的线上线下融合支付服务，而先发的盒子科技却错过了这个绝佳的发展机会。

“当时我们的概念比较超前，又没有大量的C端用户基础。在当时，培养C端用户使用习惯需要很大的成本投入，所以这款产品没能火起来。”盒子科技的很多老员工回想起这个产品，还不免唏嘘。

或许，创新来得太早和太晚，都难以成功，只有刚刚好才更容易取得成绩。对于融合二维码支付来说，盒子科技显然起步太早了。不过，凭借不断的努力和开拓，盒子科技的业务还是慢慢起来了，依靠着VIPOS这款产品，盒子科技打动了其创业起步阶段最重要的合作伙伴——中国银联。

## 11 用创新的产品“敲开”银联的门

对于一个刚刚起步的创业公司来说，如何打动用户，是尤为关键的一步。在当时，大部分消费者还是习惯到银行办理业务，用手机进行刷卡支付仍是一种非常陌生的方式。要争取这部分消费者的信任，需要很长的培育期。

对于盒子科技来说，找到一个被普通用户所熟知并认可的机构合作，不但可以迅速拓展相应的业务领域，而且可以快速获得市场的认可。

通过10年的市场培育，中国银联已经取得消费者的信任，通过与中国银联的战略合作，盒子科技极大地降低了培育用户的时间成本。而对于中国银联来说，找到合适的合作机构，迅速转型移动支付服务，也是必须要迈出的一步。于是，中国银联与盒子科技的合作就此达成。

“中国银联创新部看完这个产品（音频手刷设备）之后，觉得这个东西很好，很厉害。”作为盒子科技的第一批员工之一，许兵兵回忆当时的情况时说，韩森是通过陌拜找到的中国银联创新部，凭借其设备的技术优势，很快就打动了银联的相关负责人。

成功总是留给有准备的人，这句话对于当时的韩森和盒子科技来说，最恰当不过。

韩森说：“以前也不知道中国银联商务在哪儿，只能在网上找，结果在微博里面一找，发现还真有中国银联的相关负责人。”然后韩森就约了这位负责人在上海的银联总部见面，并向他介绍了盒子科技的音频手刷设备。

去上海之前，韩森让盒子科技的技术团队按照之前的想法，做了一个demo版的产品带过去。对方看完这个“小盒子”之后，就说要试一试。他将产品从音频接口接入手机，打开APP，用卡一刷，卡号就显示出来了。对方觉得还挺神奇的，就带着韩森去见了中国银联的分管领导。一样的流程，又演示了一遍，于是，对这款产品的惊叹又重复了一遍。

就在韩森演示第二遍的时候，中国银行北京分行的一个副总打来了电话，中国银联创新部的这位负责人就在电话里问对方："你知道美国有个Square吧？现在中国的Square就在我面前演示产品呢！"

"咱们能不能独家合作？"中国银联的几位负责人对于盒子科技的产品都持肯定态度。不过，他们希望，在签署独家合作协议之前，可以看到盒子科技团队的产品迭代能力。于是，就提了几个功能层面的要求，希望盒子科技的技术团队能够再把产品优化一下，以达到他们期望的水平。

不过，中国银联给盒子科技团队进行产品升级迭代的时间只有2天。

## 12 48小时的努力

为了促成合作，韩森在中国银联附近找了一家宾馆住下，然后和远在深圳的技术团队开始远程连线，商量迭代产品的步骤和措施。

时间只有短短的48小时，在深圳这边，技术团队一边分析具体的需求，一边给出解决方案，同时还要测试升级后产品的稳定性。就这样，在改进、更新、讨论、再改进的循环中，时间慢慢过去了。团队的8个人只轮流休息一两小时就又回到了自己的岗位上，而整体的开发节奏并没有停下来。

吴松回忆说："之所以这么努力，一方面是我们申请的专利需要有更好的应用场景；另一方面，几个潜在投资方也在看我们是不是能促成和银联商务的合作。"对于盒子科技，很多投资人都有着相当强的投资意愿，但这些投资人都没有签署最终的投资协议。主要原因就在于，投资人也想看盒子科技的技术实力和BD实力。

在当时，国内有3~4个团队在做差不多的事情，那些团队的背景和履历都非常好看：有的是海归背景；有的有在大机构工作的经历；有的是依托于高校进行技术开发的团队。盒子科技在这些竞争者面前，履历只能算普通，资金也不算多，能够拿得出手的，只有技术的实践能力和自身的拼搏能力。

48小时的不眠不休，终于换来了团队想要的结果。

本来，韩森和银联商务的负责人约好，三天后的早上9点，他会到中国银联总部展示最新迭代的产品功能。

不过，到了那天，韩森却迟到了。就在临出门之前，团队还重新打包上传了最新一版的应用。当中国银联的相关负责人再次体验到这款音频手刷设备时，他们十分惊讶，因为这已经大大超出了他们的预期。"你看人家48小时就做得这么好，你们做了两个月都还没有一个成形的产品。”中国银联的负责人对自己的产品经理说，“创业团队的战斗力和执行力果然很强。”

于是，中国银联就提出和盒子科技签署五年的排他性合作协议，不过，韩森觉得，五年时间太长，建议改为三年。当时的中国银联负责领导不禁感慨说：“这是银联第一次和只有八个人的团队签下排他性合作协议。”

排他性合作协议签署了。2011年7月，盒子科技参与了中国银联的VIPOS支付项目的规划工作。后来，盒子科技团队又帮助中国银联扩写了VIPOS的相关标准。在整个项目合作过程中，中国银联负责确定整体的技术规范、硬件标准、软件标准和业务规则，而盒子科技则负责项目的开发和实现。

当然，双方在标准的制定、应用的开发等方面的合作一直比较愉快，双方的合作也一直延续至今。

中国银联此前一直寻求的技术开发路径是推动POS机和智能手机设备的高度兼容，而不是像盒子科技这样，用外接设备与智能手机联动。

然而，做POS机的开发，不仅需要智能手机侧的开发，还需要POS机厂商配合，难度巨大。而且，POS机的生产成本和销售价格都偏高，很难在市场上大面积铺开。

通过与盒子科技签署排他性合作协议，中国银联迅速完成了移动支付的转型，缓解了来自拉卡拉、支付宝、快钱等第三方支付平台的竞争压力，给自己今后的发展预留了更大的空间。

而对于盒子科技来说，这次的合作显然收获更大，B端客户和C端客户都很快实现了从0到1的突破。越来越多的投资人也开始看好盒子科技的未来发展。

正是盒子科技与中国银联以及多家金融机构的深度合作，让不少电商平台看到了盒子科技能够给它们带来更加专业的移动支付服务。

于是，盒子科技开始为电商的网站、手机客户端提供整套的手机POS移动支付方案。当时，苏宁易购就选择了盒子科技提供的手机POS支付解决方案。对在苏宁易购购物的消费者而言，有中国银联提供安全技术保障，就有了金融级的支付信心保证，通过真正的手机POS刷卡消费，验证磁道信息，较无卡和在线的支付方式，风险降低75%以上。消费者无须开通网银，交易也不再受银行卡和卡种的限制。

对苏宁易购而言，以前通过在线支付方式无法完成的大额订单交易，也不再需要拆分订单或线下支付。更重要的是，这种全新的移动支付方式，使苏宁易购有效降低了支付风险，提高了整体的业务效率。

因为和中国银联的合作，当时很多的科技媒体陆续开始关注盒子科技。对于这家刚刚起步的聚焦于支付服务的创业公司，媒体都持肯定的态度。这也让盒子科技的“中国版Square”的称号为更多人所熟知。之前接洽的投资人投资意愿开始增强，甚至有更多的投资人表达了想要参与投资的意愿。

## 13 第一单：成交

盒子科技的创始人韩森回忆说："支付盒子的刷卡器上印有中国银联的标志，这相当于给消费者吃了定心丸。"和中国银联签署协议几个月后，第一笔C端交易终于达成了。

2011年底，盒子科技与中国银联的合作项目VIPOS终于调通了整个支付流程。盒子科技联合创始人吴松说："调通后觉得挺开心的，大家都觉得自己真的做了一件了不起的事情。那时候觉得，只要把和中国银联的支付通道调通了就行了，以后公司的发展就会顺风顺水。"

当时盒子科技团队的每个人都很开心，调通了支付通道后，公司每个员工都给家里的亲戚朋友充了50元的话费，自己先贡献了最初的业务量。

回顾中国互联网公司的发展历程，我们发现，2010—2011年发展起来的互联网公司，需要投入巨大的时间成本和财务成本，才能让用户数量从0突破到1。

来自普通用户的第一笔交易也没让大家"久等"。这是一笔来自深圳的50元手机充值业务，虽然给盒子科技带来的收入微乎其微，但这已经让大家很兴奋了。

这种经历，不仅盒子科技人有，在那一拨创业大潮中搏杀过的人都有。马化腾曾说过，在产品上线后，他会和团队亲自跑到网吧，观察用户的使用情况：“那时，当‘嘀嘀’声从不知哪个黑暗的角落传出的时候，我们的心尖都会跟着抖一下，那种体验从未有过，太美妙了。”第一个使用淘宝的用户——陕西人崔卫平至今还被所有人记着。可以说，这第一笔订单成了中国电子商务成功的标志。

而盒子科技的这50元人民币的话费充值，也应该被人铭记。但是，出于安全加密、用户隐私保护以及对支付安全环境的要求，盒子科技的用户都是匿名用户。因此，盒子科技的第一位用户——首个吃螃蟹的“勇敢”消费者现在已经很难找到了。但是，也正是因为有无数个敢于尝试新鲜事物、敢于相信创业团队的用户，才有了盒子科技现在的成功，才有了中国移动支付的成功。

# 在风口飞奔

CHAPTER 4

时来天地皆同力。

——唐·罗隐

## 14 金沙江创投的A轮融资

在当时，包括金沙江创投在内的多家投资机构都在考验盒子科技，如果能拿下与中国银联的合作，那么盒子科技的A轮投资基本上也就妥了。

金沙江创投，这个有着“独角兽捕手”之称的创业投资基金，与很多投资机构的风格并不相同，它更多地专注于投资高新技术的初创企业，偏爱A轮投资。

盒子科技需要A轮融资，而金沙江创投偏爱A轮投资，双方在这个时间节点上巧妙地“相遇”了。为了打动金沙江创投，盒子科技的团队付出了不小的努力。

金沙江创投的3位董事总经理都有创业经验，也都是“见过钱”的人。所以，虽然投资的项目都属于高新技术企业，关注的创业团队大多数处在初创阶段，但金沙江创投的投资风格并不激进，不符合金沙江创投投资价值观的便不投。

失之东隅，收之桑榆。也正是因为这样的风格，金沙江创投投中的明星标的更多：朱啸虎投出了滴滴出行、ofo、映客和饿了么；丁健投出了地平线机器人和斯凯荣；林仁俊投出了去哪儿网、小红书和百姓网。而这些独角兽项目的成功，也让金沙江创投迅速跻身顶级VC的行列。

虽然稳健，但金沙江创投的风格从来都是干脆、果决，比如滴滴出行，金沙江创投只用了半小时就确定了投资，而在此之前，滴滴出行已先后遭到了20多家VC的拒绝。

而金沙江创投投资盒子科技的整个决策过程也非常快。

在搞定了与中国银联的合作后，韩森和吴松就开始加速融资，争取尽快确定A轮的融资。

当时，除了金沙江创投，投资意向比较强的还有Atomico。这家由Skype的联合创始人Niklas Zennström创立的投资机构，同样对科技行业情有独钟。包括芬兰游戏制造商 Rovio（《愤怒的小鸟》制作商）和 Supercell（《部落冲突》制造商）在内的很多科技企业，都获得了Atomico的投资。

在北京的798，韩森带着团队和Atomico亚太区总监Kelly Poon谈了很久，Kelly认可盒子科技团队的能力，也钦佩韩森的创业热情，但最终能否确定投资，还需要再考虑。

就在当天晚上，韩森和吴松约见了金沙江创投的合伙人杨志伟，在北京的五洲大酒店，双方从晚饭一直聊到酒店打烊。第二天一早，韩森又和金沙江创投的董事总经理丁健面谈，当天下午又飞到上海，和金沙江创投的另一位“明星投资人”朱啸虎面谈。

两拨投资人的投资意愿都很强，但都没有给出明确的答复。与朱啸虎面谈结束后，韩森决定先返回深圳再想其他办法。但就在去机场的路上，金沙江创投的杨志伟和Atomico的Kelly一前一后给韩森打来电话，决定作为投资人给盒子科技注入A轮融资。

“金沙江先打来的电话，我就一口答应了。”韩森说，“没想到随后Kelly的电话也打来了。”可是，已经答应金沙江创投独家投资A轮了。韩森没想到，自己创业至今，居然也遇到了幸福的烦恼——两家顶级创投机构，怎么选?

对于优质的投资标的，谁也不希望错过。最终，金沙江、Atomico和盒子科技三方达成协议，两家机构以200万美元共同参投盒子科技。

终于拿到了融资，韩森和他的团队也终于有机会把那个“神奇的盒子”从demo版本做成正式版本推向市场。

对于盒子科技来说，A轮投资人不仅提供了资金支持，还在公司管理、发展规划、后续融资等方面提供了很多的帮助。

在担任金沙江创业投资基金董事总经理之前，丁健曾是美国亚信公司的联合创始人，曾任美国亚信公司董事长、首席执行官、首席技术官等职务。回国从事投资行业后，丁健在金沙江创投主要负责人工智能、大数据、数字医疗、VR/AR和新媒体行业等领域的创业投资，所以对于这类企业的发展方向，他有着自己的理解。

在他看来，A轮就是跑通产品和商业模式的最好时机，资金该烧就烧，烧出公司未来的产品和成功的商业模式，一切都是值得的。他本人也从不吝惜给盒子科技站台加油。

2015年10月，在盒子科技的新品发布会上，丁健还对外表示："虽然我们投的公司有的比盒子科技的估值更高，但我更愿意为盒子科技站台。"在他看来，移动互联网时代的创业者要想飞的话，就必须先把自己的翅膀练好。而"盒子科技及盒子科技的伙伴其实就在做一件事情，就是让刚创业的这些'丑小鸭们'慢慢用他们的工具把自己的翅膀越练越大，越练越硬，最后成为飞得很高的天鹅"。

"好风凭借力！"

有了权威的合作伙伴，有了优质的投资人，还有自身积极向上的团队，韩森终于可以带着盒子科技的团队一展拳脚，在移动支付服务领域实现自己"当初吹过的牛"！

# 15 正式进军移动支付服务领域

2011年10月，盒子科技开始寻找新的办公地点，准备搬出办公条件简陋的华强北。

华强北是盒子科技的“梦”开始的地方。在这里，韩森聚拢起了盒子科技的创始团队，找到了分担自己压力的事业伙伴，敲定了第一个重要合作方，也拿到了最重要的一笔融资。

然而，华强北逼仄、嘈杂的办公环境显然已经不适应盒子科技的发展需要，作为一个以技术为根本的团队，他们需要一个更好的创业环境。

2011年10月20日，盒子科技的团队搬出了拥挤又狭窄的深纺大厦1005室，搬到了龙泰利大厦的新办公区。虽然用今天的标准来看，这里的环境依然很差，但对于当时已经习惯了艰苦条件的盒子科技人来说，这里的环境已经非常好了。

搬到龙泰利大厦后，盒子科技的员工达到了100多人，产品开发人员越来越多，市场、运营人员也开始增加。

2012年6月，盒子科技刷卡器获得中国银联颁发的安全认证证书，盒子科技与银联共同制定的VIPOS安全标准逐渐开始推行；同年11月，国内首个线上线下二维码支付QRPOS—拍付上线。当然，最重要的产品还是拥有专利权的手机刷卡设备。

“拿到了第一笔钱，我们就开始步入正轨。”韩森说。

有了金沙江创投的投资和中国银联独家合作的背书，在移动支付服务这个领域，盒子科技受到了业界和媒体的关注，“中国版的Square”的称号越叫越响，媒体报道和微博热搜也越来越多。

盒子科技产品的成功也引来了同行的跟进。

早在A轮融资阶段，盒子科技就和支付行业的头部公司拉卡拉有过接触。韩森和吴松见到了当时在海银资本工作的张志勇，对于盒子科技的创业方向，张志勇觉得很对路，便推荐了拉卡拉的创始人孙陶然。

双方在融资和业务合作层面都没有谈成。连续6次创业成功的孙陶然有着天生的商业嗅觉，他不会花钱和精力培养一个自己的潜在竞争对手。尽管拒绝了盒子科技，但拉卡拉并没有放弃手机刷卡设备。回去后一周，拉卡拉决定开发相同的产品，并计划在2012年4月底推出市场。

“我们觉得，既然要做，就要把这件事做好，给所有人一个惊喜。”盒子科技团队的人回忆起当时的情景，依然很兴奋，大家都认为，既然行业巨头都决定做相同的产品，就说明自己的产品方向是没错的，接下来就是要做出点成绩。他们还立下了“flag”，一定要比对手提前发布产品，这样才能真正凭借行业首发站稳脚跟。

在确定了渠道、产品功能、设计思路等之后，盒子科技团队面临一个最大的难题：产品上市时间和定价。

上市早于竞争对手是必须的，但早太多的话，又会让对手根据自己的产品更新调整他们的产品，对自己的产品不利。另外，锚定竞争对手的定价也很重要，价格太低，自己没有利润空间，价格太高，又缺乏竞争力。

盒子科技团队分析了很久，根据对方一直以来奉行的定价策略，他们判断，对方会把价格定在299元或399元。于是，盒子科技第一款产品领先对手半个月的时间，在2012年4月16日发布，定价198元。

果然，用198元打299元，盒子科技产品的价格优势被放大，竞争力一下子就凸显了出来。随后，带有中国银联认证标识的刷卡设备开始大量进入市场，盒子科技的第一批用户，迅速积累了起来。

## 16 井喷的用户人数

任何一件新生事物，在初期培育市场的时候都需要花费大量的时间和精力。有咨询机构曾在2017年做过一项调查，调查结果显示，在移动支付已经相对普及的2016年，依然有36.8%的网民对建成无现金社会表示不期待，34.8%的网民处于观望状态，超七成网民对移动支付安全表示担心。

将时间往前推四年，即2012年，说服用户就更加困难。盒子科技通过技术升级，与中国银联共同制定银联标准并长期合作，迅速取得了消费者的信任。公司自主研发了符合中国银联规范的移动POS支付平台，该平台与中国银联联合运营VIPOS产品，为消费者和商户提供服务。

2012年4月，盒子科技的刷卡器产品正式面向市场销售。在没有任何宣传和推广活动预算的情况下，盒子科技的便民服务交易仅仅用了8个月的时间就覆盖了全国8个省份，用户数量呈现几何级增长，活跃的用户占比也超过50%。

尽管以C端产品作为切入点，但由于资金限制，盒子科技在当时并未做任何用户拉新活动，而是将预算放在了技术升级和安全升级上，希望打造一个技术完备、安全可靠、操作简单的平台。这样的做法，不仅得到了消费者的认可，也得到了对手的尊重。在盒子科技产品取得成功后，身在美国的Square也开始沿着盒子科技的技术路线进化，仿照盒子科技的做法升级他们的产品，做出了类似盒子科技这样的有更高安全级别的刷卡器。

“我们的脚步是踏实的，因为这份踏实的精神，盒子科技用户的满意度高，黏性也高。盒子科技的飞速成长，离不开用户的信赖和鼓励。为了达到最优的用户体验，盒子科技的整个团队始终不遗余力。”这是盒子科技人当初给自己定下的目标，即使到了今天，他们依然坚持这样做。

# 危机逐渐显露

CHAPTER 5

我们的公司离破产永远只差 18 个月。

——比尔·盖茨

## 17 增长的用户和横盘的收入

产品发售之后，盒子科技的用户数量一直在快速增长。

用户数量的快速增长，一方面来自盒子科技团队自身的努力。盒子科技的刷卡支付产品在满足创新、安全、便捷的要求的同时，降低了用户学习的时间成本和使用门槛。

“手机音频刷卡器”这一创新性的产品，简化了支付流程，降低了支付设备的成本，提高了支付成功率，进一步提高了支付便捷性，成为盒子科技服务业务快速发展的重要基础。

对于每个用户来说，只需要一个“小盒子”和一张银联卡。用户无须事先开通网银，无须进行柜台设置，也无须复杂验证，只需要使用一张有银联标识的银行卡，就可以完成支付交易。此外，用户还可以用盒子科技的刷卡器通过电脑的音频口或USB接口连接电脑，在电子商务网站上直接刷卡支付。

当然，出于风险控制的要求，盒子科技针对部分存在套现风险的业务限制了信用卡的使用范围。在中小微商户的服务方面，盒子科技提供给商户的也是专用的硬件设备，对卡号密码全部进行硬件加密，并配以持卡人个人身份认证技术，从管理和技术两方面杜绝伪卡、盗刷、套现等金融风险。

另一方面，整个大环境都在培育市场、教育用户，让越来越多的人开始接受移动支付这项服务。对消费者而言，移动支付不再是一个完全陌生的概念。2012年夏天，“出行战争”使消费者熟知打车软件，而线上打车、线下完成交付的全新场景，让移动支付业务得以快速应用。打车的小额、高频场景，让移动支付的应用场景最先在线上普及，随后拓展到线下。自身产品优势明显，行业又处在快速发展的风口，这些让盒子科技的原始用户积累完成得非常快。2012年5月10日，在新产品发布后不到1个月的时间，盒子科技通过官网和微博正式向用户公开发售了2000枚刷卡器，用户的反响异常积极。随后，在打通了供应链后，盒子科技全面开放销售，到2012年底，用户总数已经达到50万，活跃用户数超过20万。

2013年7月，盒子科技平台上的交易笔数已超100万，交易总额突破10亿元。

虽然用户数量和交易总额不断增长，盒子科技的收入水平和现金流却没有明显的提高。

盒子科技的刷卡器面向的是对于产品的价格变化极其敏感的C端用户。盒子科技的刷卡器定价是198元/台，这样的硬件价格在当时已经不能算便宜了。所以，盒子科技的刷卡服务费只能定得极低，刷卡费率稍高一点就会形成赶客的效应，给竞争对手超越自己的机会。

第三方支付服务的支付费率非常低，在酒店、餐饮、百货、超市等标准类商户，支付的费率仅为0.3%~0.6%，普通消费者和中小微商户的费率甚至更低。同时，部分支付机构为了抢占市场，甚至打出了“零费率”的旗号。

在移动支付服务领域，消费者的价格弹性更大。与竞争对手之间的博弈，让盒子科技很难在设备售卖和支付费率这两个当时最主要的业务上获得理想的收入。

与此同时，团队扩张带来的人员成本提升，支付设备的供应链支出，都随着用户量的增加而快速增长。

一边是不断增加的支出，另一边却是始终不见起色的净利润，这让盒子科技的账面现金流迅速枯竭。

# 18 现金流逐渐枯竭

“刚开始觉得和中国银联的独家合作签了就会好起来，后来觉得，融资到位了，后面就都顺了。后来用户越来越多，可情况依然不太乐观。”很多经历了盒子科技那段困难时期的老员工，都对当时的情况记忆犹新。

对于一个创业公司来说，完成A轮融资后最重要的事情就是磨合团队，并对公司产品和商业模式进行印证，明晰未来发展方向和核心竞争力。

但是，整个移动支付服务行业在2011年到2013年发展得太快了。

随着新一代消费者消费习惯的改变，移动支付面临前所未有的发展机遇。根据央行公布的数据，2012年全年支付业务高达3.71亿笔，金额共计2.07万亿元，同比增长274.70%和363.92%。而到了2013年，移动支付业务已经达到了16.74亿笔，金额共计9.64万亿元，交易笔数和交易金额同比分别增长了212.86%和317.56%。

整个移动支付行业都在向前跑马圈地，这时的盒子科技团队不可能停下来任由竞争对手蚕食自己已经占有的市场份额。

盒子科技的团队认为，只要用户数量不断增长，一切就会好起来。

然而，盒子科技团队对整个现金流、员工数量、供应链账期等都没有做到有效管理，这就导致了从2012年4月盒子科技的手机刷卡器公开发售后，公司的账面资金不增反降，而且下降速度超出了预期。

2012年6月，盒子科技产品大规模上市，用户数量呈现井喷式增长，带有中国银联认证标识的刷卡设备被市场所认可，导致盒子科技的硬件支出费用不断增加。

“缺乏对现金流的管理，是当时最大的失误。”韩森回忆说。A轮融资之后的失误让他在随后的公司经营中异常关注公司的现金流状况，常备资金始终不能少于公司12个月的硬支出成本。

在拿到A轮的200万美元融资后，盒子科技团队的每个人都觉得这些资金能够支撑他们很久，甚至有的人乐观地觉得，这笔融资可以直接支撑到他们有足够的造血能力。然而事与愿违，尽管盒子科技的用户量依然在快速增长，但市场、研发等部门的人力资源成本也在不断增加，供应商的供货款也不断增加。2012年下半年，盒子科技每个月的硬支出在150万元人民币左右，A轮到账的资金的消耗速度远大于他们的预期。

当时，摆在整个团队面前的路有两条：第一，增加交易手续费，提高硬件售卖的价格，尽快提高利润水平，实现回血；第二，尽快启动B轮融资，保证公司的正常运转。

第一条路显然并不现实，提高价格最直接的结果就是盒子科技的产品与竞品相比缺乏竞争力，大概率会直接被竞争对手挤出市场。

因此，出路只有一条：在2013年，尽快优化产品和商业模式，启动B轮融资，支撑公司的快速成长。

但是，理想和现实之间，还是有差距的。

## 19 B轮融资在哪儿？

想要获得新一轮的融资，谈何容易？

2012年，灾难片《2012》上映，整个社会都在讨论玛雅文化关于世界末日的寓言。究竟世界会不会消逝？人类文明会不会就此中断？

似乎全社会的注意力都聚集到了这件虚无缥缈的事情上，全球经济都步入了下行的通道。这种相对消极的情绪，似乎也影响了创业投资的整体行情。

2011年，中国的VC/PE投资规模达到了历史最高水平。但受到2012年的全球经济不振、“中概股”危机、二级市场低迷、A股IPO停摆等因素的影响，2012年的风险投资人不仅在融资方面处处碰壁，投资方面也颇为不顺。

2012年，中外创投机构共新募集252只可投资于中国内地的基金，同比降低34.0%；已知募资规模的247只基金新增可投资于中国内地的资本量为93.12亿美元，同比降低67.0%。尽管2012年募资规模较2011年大幅降低，但是超过了2010年全年新募基金数量。在平均募资规模方面，2012年新募基金平均规模为3769.86万美元，是2005年以来的最低点。

《福布斯》撰稿人Rebecca Fannin写了一篇关于亚洲创业公司2012年的趋势分析的文章。在他看来，由于整体经济环境欠佳，相对于项目的数量，资金的数量显得不那么够。与之前两年处在活跃经济周期的创业投资环境相比，2012年的创投资本流动不畅，“VC/PE寒冬”的说法不绝于耳。如果说，创业者在2011年之前与投资人协商交易条款时可以占据上风，到了2012年，情况完全相反，主动权已经落到了投资人手里。

其实，2012年投资机构的日子也不好过，经营状况欠佳的风投公司要么销声匿迹，要么更换了管理团队，包括中国在内的整个亚洲风险投资界都进入了优胜劣汰的过程。

任何人或者公司，都无法与大环境相左，盒子科技也不例外。

盒子科技的B轮融资面临一个利好因素和两个不利因素。利好因素是：当时的智能手机应用还没有今天这么强大，需要一个功能更加强大的外接设备来辅助进行移动支付。而且，整个移动支付行业在2012年都处在快速发展的阶段。两个不利因素是：第一，创业投资环境不利于新一轮融资的展开；第二，C端产品的推广，需要大量的资金支撑。在整体创投环境不景气的情况下，投资机构都会异常犹豫，通常不会给予太多的资金支持。即便有投资意向的投资机构，也需要盒子科技的创始团队付出更多的股权代价来换取融资。

但是，盒子科技人并未动摇。他们相信，盒子科技在未来依然会成功，眼下的坎坷，只是创业路上必须克服的困难。

## 20 相信“相信的力量”

在盒子科技的公司文化中，有一条非常有趣的口号：相信“相信的力量”。

著名心理学家麦基在研究很多人的经历后，在他的著作《可怕的错觉》中提到：我们所看到的世界，只是我们选择看到的样子。你相信什么，你就能看到什么。你相信潜规则，就会发现无数潜规则。你相信不公平，就会发现无数不公平。而你相信努力，就会发现努力有回报。你相信未来会成功，就会发现自己真的在一步步迈向成功。

或许，一个人、一个团队选择相信什么，未来就会朝什么方向发展。

在盒子科技人看来，他们的创始人韩森对于未来永远保持乐观，对于创业永远充满激情。韩森永远在努力，也在一步一步地靠近自己的梦想。

韩森说："要自信，对未来要充满希望；再难的事情，只要抱有希望，都有机会突破，如果你放弃了，你就可能什么都没有了，这个世界上每个人都是平等的，不应该去抱怨。"

韩森永远不相信所谓的躺平或者随遇而安，而是相信努力和奋斗终会有回报。对于创业，他始终觉得，自己并没有什么可畏惧的。他敢于拼上自己的所有，只为带领盒子科技人与他一起走向成功。

韩森的这种积极向上的态度，与他一直以来的经历有很大的关系。"一步一步往前走的时候，我接触的都是正能量的东西，接触的都是积极的东西，可能这个也跟我自己的喜好选择有关系，我不太喜欢看负能量的东西。"韩森认为，这个世界永远是充满着变化的，永远是充满着困难的，最重要的是如何面对困难。这才是影响一个人一生成就大小的根本因素。

在公司，他经常对所有员工说这样一句话："那些看不见又摸不到的优秀的品质，是影响一个人终身幸福的质量和成功的根本。"

凭借着乐观，他一步步走出了老家；凭借着对生活的热爱，他赚到了自己读书期间的生活费；凭借着对未来的憧憬和渴望，他努力学习，最终为自己留在北京创业积累下了足够的知识；凭借着想要改变现实的勇气，他南下深圳，从做手机到做支付，一路走了过来；凭借着对于自己产品的信心，他打动了中国银联，拿下了排他合作，也获得了金沙江创投和Atomico的投资，拿到了第一笔钱。

现在，韩森和盒子科技遇到了新的困难，站在了新的十字路口，他依然选择了相信未来，相信自己的团队。

他不断地寻求外部合作和融资的机会，不断地寻找公司业务新的增长点。那段时间，韩森要么住在办公室，和团队一起加班、开会，讨论未来的方向；要么一口气跑好几个城市，寻求可能的合作，打动潜在的投资人。

他的这种积极的态度，让团队稳定了下来，因此，公司依然在高效地运转。

“对于公司的未来，每个人都会有自己的担心。”胡德坤回忆那段时光时说。但盒子科技人反而在那段时间里最有斗志，每个人都像拉满了弦的弓，站着开会，光着膀子干活儿。

每个人都相信盒子科技能够熬过去，能够走出自己的成功道路。盒子科技人选择相信公司和创始人，所以他们努力工作；韩森、吴松选择相信自己选择的赛道，所以他们不断地寻求资金、合作、新技术的开发路径。每个人都选择相信未来，但他们不知道的是，未来的半年，将会是他们最困难的半年，也是盒子科技涅槃重生的起点。

# PART TWO

第二部分

# 生死之间

（2013—2015 年）

# 断腕求生，To B才是未来

CHAPTER 6

重点在于尝试，错了也没关系，关键是当你已经做出了“失败”的判断时，你能否及时抽身。

——柳井正

## 21 To C，太烧钱了

对于创业公司而言，To C业务都是很有魔力的，因为大多数成功的互联网创业公司都是依靠To C业务成功的。然而，To C给创业公司带来的最大难题就是“烧钱”。

面对C端用户，不管是创业公司还是普通人，总是会不自觉地谈论起“速度”的重要性，仿佛现金流、商业模式、产品力等能力对于创业公司而言，都要让位于速度。

“天下武功，唯快不破。”

这句箴言在很多时候对于创业公司而言都是正确的，但如果“一味地追求速度”，就有可能导致很多潜在的危险。因为速度不是所有问题的标准解决方案，只是一种用时间换取空间的方法。过快的发展速度会让创业公司忽略掉很多潜在的风险。

速度，就像一台放大器，如果创业公司的发展路径是正确的，那么速度会让这家公司很快成为投资人眼中的优质投资标的，观察家眼中的独角兽，投行眼中的优质投资标的，进而可以实现快速融资和快速上市；但如果最开始的盈利模式和发展路径有一定的问题，那么，速度就会让创业公司的现金流逐渐枯竭，然后逐渐丧失投资人和用户的青睐，最终被市场所抛弃。

很多创业公司只将目光放在追求增长和速度上，而没有仔细、认真地审视自己的商业模式是否可持续。创业初期，无论是创业团队还是投资人，都会信心满满，因为用户在增长，团队成员也在增加，只要按照当前的发展模式，打败所有的竞争对手，那么盈利和成功就水到渠成了。因此，越来越多的团队走上了“不惜一切代价求增长”的道路。虽然很多公司烧钱很快，但大家都寄希望于率先击倒对手。毕竟，筹到了如此多的融资，不可能放在账面上看着，只要能够击倒对手并站到最后，就已经成功了。

融资—烧钱—规模扩张—继续融资—击败对手—盈利，这样的创业过程在中国的互联网创业历程中上演过无数次。

2011年，拉手、美团、窝窝、满座等5000多家网站携海量资金杀入团购舞台，春风得意的Groupon（高朋）也入华参战。然而，2011年中资本寒冬骤然降临，曲终人散，逾九成疯狂的“斗士”力竭身死，美团成为铁王座上的赢家。

此后，2012年的电商，2013年的OTA，2014年的网约车，2015年的O2O，2016年的二手车，2017年的共享单车，2018年的短视频，2019年的在线教育，2020年的社区团购，几乎每年，中国的互联网公司都会爆发一轮大战，突围出来的公司都成了巨头。

这种创业模式下，资金成了衡量创业者成功与否的唯一标准。但对于大多数创业公司而言，成功的例子并不足以效仿，不成功的经验或许才更值得学习。

“如果可以，我希望我们能更早、更谨慎地测试模型。”Twenty20的创始人Matt Munson在回忆自己烧光1000万美元融资时认为，他的公司应该在花掉300万美元的时候，就找到一个真实的、市场导向的、可规模化的产品方向和销售渠道；剩下的500万美元应该待在公司账户上，为接下来的扩张留存实力。

与Twenty20差不多，盒子科技在获得A轮融资之后，也遇到了同样的问题。

创业意味着大家都想做一番事业。如果已经获得融资，那么整个团队努力的方向肯定是继续扩张，扩大业务范围和用户数量。所以在拿到融资的那一刻，团队的所有人就马不停蹄地朝着梦想前进，招聘、扩张，和代理商签订代理合同。所有人都会说：“要快，要快，要更快，快不一定会活，但是慢一定会死。”

很多创业公司失败是因为在商业模式还没有得到市场实际印证，业务还没有取得任何实质性进展之前，公司的资金就耗尽了。通常，这类公司会面临三个主要问题：第一，由于没有形成规模效应，所以成本高售价低，公司销售的产品利润率还很低。第二，由于人员的迅速扩张，公司需要支付很高的工资成本。第三，没有稳定的经常性营收来源。

在创业公司，现金流才是王道。阿里巴巴在经历第一次互联网寒冬的时候做了两件事：第一件事情是疯狂裁人，从全世界一共几十个办公室，裁到只剩上海、杭州两个办公室，一大批外籍员工被裁掉。

第二件事情就是想办法赚钱。当时，阿里巴巴全公司都在讨论一件事情——怎么赚钱。后来，阿里巴巴受到一家叫作Global Market公司的启发，这家公司做的事情就是把很多供应商的名字、业务范围、联系方式等信息印在小册子上，在全世界参加各种商业会展，送给参加会展的人，并且向供应商收年费，当时年收入能达到1.5亿~2亿元。阿里巴巴据此推出了“中国供应商”（中供）。这一产品成为他们之后很长一段时间里盈利能力最好的产品之一。

当然，完成A轮融资之后，创业公司需要在融资节奏、商业模式、盈利时间节点等方面有清晰的路径和规划。但当时的盒子科技，缺乏这方面的经验，还好盒子科技及时调整了策略，才有了今天的成功。

“B轮融资前的困难，其实是必然的。”吴松说，盒子科技的这十年，几乎把所有创业能踩的坑全踩了一遍。

对于当时的盒子科技而言，最大的困难就在于做C端用户的时间成本和投入硬成本。在当时，要想在C端有影响力，就需要打通全国的水电煤气等便民服务，就得跟全国各省的各类分公司分别去谈。而且，每个省都有自己的系统，有自己的一套规则。

所以，要想把相当规模的受众群体拉进来，成本投入太大，投入产出比不划算。即便到了现在，支付宝和微信也没能做到打通全国的水电煤气等服务。

另外，还有投入成本的回收周期问题。面对C端用户，成本回收极其缓慢，但投入成本却不断上升。

对于盒子科技来说，好不容易拿了点钱，但用户量一上来，固定成本、生产开支和人力成本等支出就开始快速增加，导致账面上的现金流失速度越来越快。

而在当时，用户的消费习惯还需要时间来培养。一单几毛钱的收入，与对应的投入成本相比，几乎可以忽略不计。这就导致了一个很大的问题，盒子科技的ARPU（Average Revenue Per User，单个用户的平均收入）极低，而对应的投入却极高。

另外，尽管盒子科技和中国银联的独家合作，为其带来了品牌背书和用户信任，也带来了投资人的肯定，但在盒子科技的后续发展中，合作带来的直接经济收益并不大。“因为公司当时融资的钱并不多，但我们几乎所有人都在做中国银联的项目。”经历了这段时期的杜远回忆说，这个项目耗费了公司大量的时间和精力，但又不能不做，因为当时只有把与银联的合作项目做好了，才能往下走，也才能有其他更多的业务可能。

在完成A轮融资后的几个月，盒子科技实现了快速发展，用户数量迅速攀升。但是，摊子越铺越大导致成本支出不断增长，加之当时没有财务管理的意识，很快，盒子科技的账面资金开始吃紧。

盒子科技创始人韩森说：“那个时候用户人数在增长，整个团队的信心就变得特别足，大家总觉得就快要挣钱了。”当时盒子科技用户的快速增长给了团队一种错觉：沿着现在的方法，就能很快挣钱。但最可怕的就是“快挣钱了”这种想法。

“2012年的时候，我们的竞争对手的资本更加雄厚，所以他们很快就将自己的10万台设备铺设到了一线城市的各个便利店。”盒子科技联合创始人吴松回忆说，如果按照当时的成本来计算的话，这种重资产模式，相当于投入近10亿元的前期成本。

当时盒子科技的团队做过估算，如果便利店能铺设10万台设备，盒子科技的产品价格就可以更低。

只是，无论是韩森、吴松，还是盒子科技团队的其他人，在当时都忽略了一个事情，那就是盒子科技和中国银联在2012年前后的合作，并没有完全按照商业模式在走，而是按照商务模式在走。这样就会给公司的盈利带来极大的不确定性。

这是盒子科技团队在创业初期商业层面不成熟的表现。当然，吃亏趁年轻。当时踩下的坑，也让盒子科技在之后发展的每一步都走得异常稳健。

“在当时的情况下，我们的资金本身就不多，既做硬件又要整合供应链，还需要采购和人员招聘，你还得兼顾生产。”很多老员工都回忆说。随着硬件支出、人力成本支出的快速攀升，盒子科技的现金流很快出现了问题。To C这个模式本身就不好做，大家经验也确实不足。账面资金的快速流失，让整个团队的信心遭到了巨大的打击。

问题是，下一步该怎么办？

## 22 商户支付服务，现在就做

对于当时的盒子科技而言，转型To B获得成功的机会更大一点。

尽管在当时，C端用户的获客成本还不高，但已经有了快速攀升的趋势。综合各个平台发布的数据，我们可以看到，阿里巴巴的获客成本从2013年的7元/人上升到2018年的77.99元/人，京东从2013年的44.23元/人上升到2018年的103.9元/人，拼多多由于早期依托微信通过社交裂变的形式获取客户，因此成本较低，但也从2017年的1.95元/人上升到2018年的54.71元/人。

从这组数据中可以看出，任何一家互联网公司，只要将自己的商业模式中的主要用户定位为C端用户，获客成本必然会越来越高。

对于资金实力本就不充裕的创业公司来说，这样的整体趋势和创业环境，显然并不友好。试想一下，如果盒子科技没有在当时转变战略，开启To B模式，那么即便B轮融资可以顺利到位，未来的路也不会平坦。

联合创始人吴松说："我觉得在那段时间，（To C这条路）对我们来说希望已经变得越来越渺茫。你看有多少To C的公司，他们有实力、有资源、有平台、有流量，但到最后也没有成功。"如果盒子科技最终选择了 To C这条路，那么必然要面对互联网巨头的冲击，而当时的盒子科技一旦与规模稍大的互联网公司展开竞争，几乎没有胜算。

投资人最开始看好盒子科技，是因为其与中国银联达成了合作和盒子科技的VIPOS产品能在C端快速成长，但是盒子科技团队和投资人都没预料到，C端需要的资金量如此巨大。后来，投资人开始和韩森一起想，要不要转型呢？转型的方向在哪里呢？

恰好，这时韩森看到了一个令他印象深刻的故事，这个故事给了他不小的启发。

在“二战”期间，美国的空军想要通过加固钢板降低飞机战损率，但如果整个飞机都焊上钢板，其速度、航程、载弹量等都会受影响。

于是，空军请来数学家亚伯拉罕·沃尔德。沃尔德把统计表发给地勤技师，让他们把飞机上弹洞的位置报上来，然后自己铺开一张大白纸，画出飞机的轮廓，再按照弹洞的位置把那些小窟窿一个个添上去。画完之后大家一看，飞机几乎浑身上下都是窟窿，只有飞行员座舱和尾翼两个地方几乎是空白。于是，沃尔德认为，只需要给这两个部位焊上钢板就行了。

在这个例子中，沃尔德采用了逆向思维。从数学家的眼光来看，这张图明显不符合概率分布的规律，而明显违反规律的地方往往就是问题的关键。如果这两处中弹，飞机多半就飞不回来了，所以，加固这两处就可以了。

其实，运用逆向思维来想一下，盒子科技当时C端用户增长速度非常快，也就说明在智能POS机这项业务上，市场是有真正需求的。那么，如果采用逆向思维，从中小微商户的支付服务入手，是不是就可以解决盒子科技面临的问题了呢？

当时，拥有POS机的商户数量并不多。那么，这些中小微商户之所以没有选择安装POS机，是不是有一些别的原因？

韩森和团队开始做市场调查。2012年，全国银行发卡数量是

35.34亿张，其中，信用卡发卡量为3.31亿张。2013年，全国累计发行银行卡的数量已经达到了42.14亿张，较2012年增长19.24%。

银行卡发卡量的增加，势必会带动移动支付交易规模的提升。2013年，中国移动支付交易规模增长率为707%，一年增长了7倍多。可以看到，消费者端对于移动支付的消费习惯已逐渐被培养起来。

可是，在B端，移动支付的使用场景还不完善。2012年末，银行卡跨行支付系统联网商户共 483.27万户，联网POS机具共711.78万台，每台POS机对应的银行卡数量为497张。

2013年末，银行卡跨行支付系统联网商户共763.47万户，联网POS机具共1063.21万台，ATM共52.00万台，较上年末分别增加280.20万户、351.43万台和10.44万台。同时，每台POS机对应的银行卡数量为396张，较上年末减少20.25%。

这也就意味着，在支付规模增长7倍多的前提下，银行卡持有量共计40多亿张，而POS机仅有千万余台，从而大大限制了行业的发展。

而且，大家发现，商户服务的潜力不在数据层面，而在于商户对于支付有着切实的痛点。

由于POS机数量不足，很多中小微商户只能收取现金，由此就衍生了一系列的风险和问题：首先，收银员要面对假币、残币风险，即便再小心，层出不穷的假币还是会令商家防不胜防，频繁出现损失；其次，门店的现金数量不好控制，多了有安全风险，少了又无法满足日常经营的开销；最后，繁杂反复的找零动作让商户很憔悴，“您稍等，我去换个零钱”的现象频繁发生。

这意味着商户支付服务拥有巨大的市场潜力。然而，很多中小微商户在当时即便安装了POS机，也希望使用现金交易，这是因为，当时POS机的使用并不方便。在中小微商户的经营场景下，以客单价低的小额支付为主。当时，一个商品从扫描入机到现金付款找零的过程在30秒以内，而刷卡输密码签名再核对签名的整个过程要超过1分钟，用户没动力刷卡，商户还需要支付不低的手续费，这无疑会降低店面的运营效率，提升运营成本。

看到调研结果，盒子科技的团队开始兴奋起来，原来在支付服务领域，To B才是一片蓝海。在对比了To C下的预期成本和To B商业模式的潜力后，韩森和他的团队决定，围绕商户做To B的支付服务，而且必须马上启动，给盒子科技准备一个Plan B。

为此，韩森和投资人、创始团队分别开会讨论并达成了一致意见，要做商户服务。然而，任何公司的转型都不是一蹴而就的，需要准备、积累，也需要尝试和探索。所以，当时韩森和吴松做了一个决定，就是分A计划和B计划进行。

对于韩森和投资人依然要坚持原有的C端业务，行百里者半九十，谁也不知道明天究竟是成功来敲门，还是失败先到来。所以，在还有希望的前提下，盒子科技的整个团队还是希望再坚持一下。

在和竞争对手的竞争上，盒子科技依然主动出击。当时，竞争对手的品牌效应让他们的产品不可能下探价格来和盒子科技竞争，而盒子科技也不能主动降价。因为开启价格战就意味着资本实力更加雄厚的对手能够凭借价格和成本优势，将盒子科技彻底挤出C端市场。

“那边价格给他顶住，我们不降价对方也势必不能先降价，否则就是降低了自己的品牌影响力。但是，298元他不好卖。”团队中的很多人在回忆起这段经历的时候，都对韩森当时的魄力和决断力拍手称赞。因为，当时锚定价格之后，虽然用户的拉新速度会受到影响，但这样做可以在牵制住对手的同时，降低自己的供应链支出成本，降低资金的消耗速度，为下一轮融资留出更充裕的时间。

与此同时，吴松开启了盒子科技的Plan B。“To B的第一个产品的第一个版本，在2012年国庆期间就做出来了。”吴松说。2012年国庆期间，他的团队一直在加班，三天时间就有了第一个demo版本，随后正式版的产品也做出来了。没有想到的是，盒子科技很快就有了第一单To B业务。

如果站在现在的时间节点来看，转型To B的中小微商户支付服务，无疑是一个具有战略眼光的决定。根据中国支付清算协会发布的《2020年移动支付用户问卷调查报告》，用户认为使用手机银行客户端支付时营销活动少是最突出的问题。2020年，支持商户少仍然是用户使用银行客户端进行支付最大的问题之一，选择该项理由的人占比达到了48.0%。

当然，对于盒子科技而言，当时无奈的尝试却给今天带来了巨大的成功。

## 23 方向好像对了

纵观现代商业的发展历史，很多公司在业务调整、公司转型上都面临巨大的抉择困难，并不是每一家公司都能够成功转型。

一家公司想要转型成功，需要公司引领者的眼光、魄力，需要整个团队的努力，更离不开股东、投资人的支持。可以说，几个方面缺一不可。

阿里巴巴的目标是成为一家具有102年历史的公司。但百年时间里，商业环境、技术水平、消费者偏好都在不断发生变化。任何一家公司，只有在发展中不断调整自己的商业模式并修正自己的发展目标，才能够成为真正成功的公司。

到2021年，IBM已成立110年。而这家公司在发展历程中，经历了多次转型。当年IBM小黑本是商务人士的标配，其流行程度跟今天的苹果笔记本并没有差别。甚至到今天，小黑本仍然是很多商务人士首选的笔记本。

缔造了小黑本神话的，是之前从未在IT领域有过建树的郭士纳。1993年，郭士纳（Lou Gerstner）临危受命，被任命为IBM公司新CEO。在《谁说大象不能跳舞？》一书中，郭士纳描述了1993年他刚接手公司时，IBM的糟糕处境，“5月末，我看到了4月份的业绩数据。利润又下降了4亿美元，前四个月共计下降了8亿美元。大型主机销量同期下降了43%”。

“IBM其他的业务——软件、维护和金融——基本上都依靠大型主机的销售，因此也出现下滑。”于是郭士纳带领IBM向PC市场发动攻击，最终从大型机转向包括个人电脑在内的分布式计算系统，Thinkpad成为用户尤其是商务人士的第一选择。两年后，IBM重新焕发昔日风采，营业额首次突破700亿美元。1993—2002年，郭士纳帮助IBM的股价翻了约9倍。

但是，IBM长期成功的秘诀并不在郭士纳一个人身上。2002年，郭士纳功成身退。IBM迅速调整战略，将风光无限的PC业务卖给了联想。之后，IBM经历两次变革转型：一次是从智慧地球到CAMSS，另一次是正在进行中的从CAMSS跨越到“认知解决方案+云平台”。

在大学期间就熟读商业书籍的韩森，在公司面临转型抉择的关键时候，想到了IBM。最终，韩森下定决心，将盒子科技的主要业务转到To B模式上来。

“大公司都可以坚定地转型，我一个创业公司，负担和包袱都小，没有什么不敢转的。”多次创业的韩森，从来不会患得患失。他曾说：“在创业的第一天，我就学会了接受失败。只有敢于接受失败才能更好地前进，才能够卸下你身上的包袱。越是能够接受失败的人，其实内心越是有力量。在思想极度渴望成功的情况下，一旦遇到挫折，人的整个精神世界会崩塌，心理世界也会崩塌。”

所以，他一面战略性地牵制住竞争对手，一面让自己的联合创始人吴松布局To B。2012年10月，盒子科技开发出第一版产品并很快获得商户用户后，吴松的信心更加坚定了。

“我们将继续开发To B产品，给中小微商户提供支付服务的软硬件产品。”吴松说。市场前景和收益能力更加坚定了他们将产品的方向定位为一款轻量、简易的商户POS机的决心。整个团队更加明确规划了产品的设计、研发方向，在很短的时间里，对这款demo产品进行了更加精细化的升级。

与此同时，商户的数量也在不断增长中。这次，方向好像对了。终于，立足于商户支付服务的新产品出来了，盒子科技将其命名为“钱盒”。当“钱盒”被推向市场后，盒子科技团队发现，凭借更高的性价比、更人性化的产品设计以及银联等金融机构的信誉背书，“钱盒”的出货速度越来越快，公司流水也慢慢有了起色。

而且这一次盒子科技又和他们的合作方——中国银联的节奏保持了一致。在2012年，中国银联借助其在传统金融体系中的领导地位和在支付领域的积极布局，亦取得较好的成绩，在移动支付市场整体和移动互联网支付领域的市场份额分别为6.8%和11.9%，分别排第四位和第二位。然而，要想继续提升市场份额，在C端打开市场显然不如从B端商户层面切入。

所以，盒子科技的商户战略也获得了中国银联的支持。

2012年4月入职盒子科技的何涛，一直在上海团队工作。转型To B的事情他也参与其中，即便现在回忆起来，他都非常兴奋。何涛说：“商户端产生了非常好的成绩，也间接地让融资能这么快进来。”“那个时候发展商户服务真是方向对了，团队每个月都能看到整体数据上升，这样大家就变得更拼了。”“能够在当时参与到公司转型中去，现在想想都觉得很骄傲。”

而在经历了那段时间的挫折后，公司的所有员工都意识到，盒子科技要做自己擅长的东西，有自己的产品和品牌，这样才能够在以后的发展中占据主动。

现在回想起来，韩森还为自己当时的决策感到庆幸：“当时，竞争对手为了在C端打败我们，投放了大量的广告。但其实效果并不如预期。”

毕竟，对方产品的定价偏高，C端消费者很难承受。就在对手纠结要不要继续加大投入的时候，盒子科技扭头转做To B去了，随后To B业务爆发，盒子科技的业绩一下子就起来了。

2013年底，盒子科技正式进军To B商户服务业务，后来经过各方的努力推动，To B的商户支付服务在政策层面终于获得了认可。

终于，盒子科技找到了自己的方向。

从创业第一天开始，韩森和团队里的所有人都知道，进入支付服务领域，对于大家来说就是一场全新的冒险。一开始，盒子科技对于未来的规划就是由一系列未经验证的假设构成的。因此，团队需要快速验证自己曾经的那些假设，迅速试错，迅速调整。在创业的路上，一旦发现最初的假设是错误的，就需要及时调整并迅速做出改变。

团队从重要伙伴、关键业务、价值主张、客户关系、客户细分、核心资源、渠道通路、成本结构、收入来源这几个方面，对公司的业务发展做了整体的梳理。最后发现，重要伙伴、关键业务和价值主张没有问题：中国银联等金融机构这些合作方给盒子科技带来了品牌和用户信任，以支付服务为核心，改变整个生态的夙愿也没问题。不过，在客户、资源和成本方面，盒子科技需要调整。

商业模式从根本上说，就是企业与企业、企业与顾客、企业与渠道之间各类的交易关系和联结方式，简单说，就是公司挣钱的模式。盒子科技在从事C端运作时，如何赚钱这一点并不清晰。而转型To B从事商户的支付服务后，商户有痛点，愿意为盒子科技的产品和服务付钱，商业模式迅速清晰起来。

凭借着商户服务业务，盒子科技终于在移动支付服务这个行业的风口拿到了一张通往明天的车票。然而盒子科技面临的困难并未过去，等待他们的，是更加艰难的创业时刻。

这次，他们能挺过去吗？

# 漫长的6个月

CHAPTER 7

想要进化，先突破极限并承受痛苦。

——Ray Dalio

## 24 钱，这次真没了

英国著名作家王尔德曾经说过这样一句话："在我年轻的时候，曾以为金钱是世界上最重要的东西，现在我老了，才知道的确如此。"

还有一句中国流传很广的俗语："钱不是万能的，但没有钱是万万不能的。"

这两句话其实适合所有的创业者。虽然创业团队有愿景、期许与目标，但创业毕竟是一门生意，而资金确实是最重要的一个东西。

无论是在国内还是在国外，创业者失败的最主要原因，大多数都是现金流出现了问题。

"事实上最终杀死Flud的原因是公司无法筹集额外资金。尽管采取了多种方法来调查产品市场契合度，但Flud最终耗尽了资金，所以失败了。”就像Flud的团队说的，最终，创业公司都倒在了没钱的这一刻。

据统计，中国每年有超过100万家企业倒闭，平均每分钟有2家企业倒闭。能存活到5年以上的企业不足7%，10年以上的不足2%。

不只是在国内，在美国，被誉为“安卓之父”的Andy Rubin带着对安卓系统的反思出来创业，希望打造一个符合21世纪人生活需求的新型产品。

然而，Andy Rubin的创业公司Essential Products最终却以落寞收场。曾被投资人捧成估值12亿美元的独角兽，却只发售了一款智能手机Essential Phone。他想要做的事情太多，却没有仔细衡量过账面上的资金，AI手机、智能音箱、IoT设备生态几乎同时进行，这让他的公司成了资金黑洞。在耗光账面上所有资金的那一刻，即便头上有着“安卓之父”的光环，他也无法继续自己的创业理想了。Andy Rubin对于他的产品曾提出过六条构想，包括保护隐私、开放生态、人人可享有高端机、可进化的设备、技术协助使用者以及遵从简约原则。这六条构想条条有的放矢，稳准狠地回应了用户对当今智能手机软硬件的诟病，但他没有坚持到市场成熟，也没有等到新的资金进来的那一刻。他失败了。

把时间拨回2012年底，韩森和盒子科技也遇到了同样的困境：账面上的资金几乎被消耗完了。

“那会儿确实是在资金层面遇到了不小的困难。”当时分管财务的武云飞说。2012年底，公司账面上的资金几乎见底了，但是很多硬支出还是不能避免。所以，慢慢地，大家发现工资的发放开始出现困难了。

杜远是2011年11月被吴松挖来的，因为感受到盒子科技管理团队的诚意，他选择加入盒子科技的技术团队。一开始都很顺利，2012年公司也顺利完成了A轮融资，但仅仅几个月之后，他发现有些不对了。

“突然感觉公司遇到了巨大的困难，工资也发不出来。”杜远说。从2012年底开始，他就发现了公司的困难，管理层有6个月没发工资，普通员工有3个月没发工资，当时也确实是有点慌了。杜远回忆说，当时有一个阶段公司所有的人都很慌，业务在涨，运营数据也都不错，公司账上怎么就没钱了呢？有一些人因为家庭等方面的压力，陆续离开。很多人开始觉得，公司是不是要熬不过去了？

“有一天下午我想出去透透气，在散步的时候就碰到了松哥（吴松），他说觉得挺对不起我的，因为是他把我招聘进来的。”杜远说，当时吴松还说，如果公司真的没熬过去，那他俩出去一起找工作。

其实，当时被“拉上船”的不只是杜远，还有胡德坤。2012年12月，胡德坤入职盒子科技，正好赶上了公司资金最困难的时候。

“在招聘胡德坤的时候，公司需要转型做To B业务，需要具有商户支付服务业务相关经验的人。当时就在龙泰利和松哥一起吃饭、聊天。聊完之后，松哥就讲了一句话，你说现在能不能让他来？”李德灿说，其实他和吴松都在纠结，公司未来不确定，让胡德坤来了，如果盒子科技真的干不下去了，等于就是诓了人家了。

“他的工资确实挺高的，因为他有支付行业背景、有经验，又是搞研发的。而且，实际并不是说他要了高了很多的工资，而是和他上一份工作的收入差不多，但在我们这就比当时松哥的工资还要高了。”李德灿说。当时吴松经过一番纠结之后，还是决定让胡德坤来。公司转型To B，要做商户支付服务业务，就必须要这样一个人。所以，吴松和韩森决定以个人的名义筹措一些钱，给胡德坤发工资。

胡德坤遂辞去了他在西安的工作，在2012年冬天，只身一人来到深圳，到盒子科技入职。“入职后几个月都是借钱给我发的工资。”胡德坤说。因为他的工资是家里唯一的收入来源，所以当时韩森和吴松并没有告诉他公司的窘境，而是借来钱给他发工资。

不过，这种以创始人个人名义筹措个别员工薪水的事情，也没坚持多久。几个月以后，胡德坤的工资也开始发不下来了。

“我记得很清楚，德坤当时刚来公司没多久，那会儿家里面小孩刚出生，他确实需要用钱。”当时分管财务的武云飞说，胡德坤那会儿来找他问工资的事情，正好赶上他焦头烂额的时候，急躁的他一拍桌子说："钱怎么用我来安排，你不用管，现在我也没钱。"然后，他就把胡德坤赶出去了。

当时，武云飞和团队的伙伴们商量，大家谁有困难，可以先跟他打声招呼，然后他想办法去筹措一点钱，先让大家渡过难关，保证生活。

"德坤刚来的时候，因为我那会儿不太了解他的情况。后来想起这个事的时候，我好多次都跟他说，真的是对不住啊！兄弟！当时我确实不了解你的情况。"现在回想起当时的情景，武云飞还为当时他的冲动和急躁而愧疚。

作为创始人，韩森和吴松除了想办法通过融资去"找大钱"之外，也在尽量想办法筹措一些"小钱"。武云飞说："我记得有一天晚上，我跟老韩（韩森）说这两天又到这个月底了，供应商那边，包括咱们这个团队的日常开支也需要资金，但账上确实没这么多钱，而且报税期也马上要到了。"

韩森当时让武云飞踏实住，并且告诉他，你稍等一下，等一两天应该会有点钱拿过来。

就在他们想办法筹钱的时候，盒子科技的另一位联合创始人冬哥从上海过来了，他把武云飞叫到了韩森的办公室，从包里拿了10多万元人民币给他。

"你这钱怎么来的？"

“我把家底儿又刮了一下，取款机上取的。”

“应该能坚持一阵子了。”

“其他的我们再想办法。”

“……”

武云飞说，当时他拿到那些钱的时候，手都是抖的，一方面是因为眼下的难关终于可以渡过去了；另一方面则是被几位创始人的态度所感染。

因为韩森对于创业的激情、吴松在处事方面的冷静以及冬哥在商户合作层面的职业态度，团队的每个人都很安心。虽然那时候很穷，但是他们能看到希望，也愿意和公司一起努力。

《麻省理工科技评论》曾经这样说，“科技和创新永远都在不断前进，技术总是在不断突破并自我颠覆。但对于那些依赖于新技术而发展的创业公司来说，就未必能始终战胜所面对的困境而跨步向前了”。对于盒子科技来说，所有人都愿意与创始团队一起坚持，就为整个公司战胜困境和迈向成功奠定了基础。

## 25 苦并快乐着

“一个人可以走得很快，但一群人才能走得更远。”对于当时身处困境的盒子科技人来说，这句话更加贴切。

盒子科技的一群年轻人虽然在几个月的时间里都没有稳定的收入来源，但却一起相互扶持、相互鼓励，一起向着心中的目标前进。

蔡嘉婷是盒子科技的2号员工，公司从无到有，从华强北到龙泰利大厦，从A轮融资进账到公司资金链几乎断裂，她都经历过。而且，作为公司的财务，她对于公司资金链断裂那段时期的印象更加深刻。

蔡嘉婷说，最开始在华强北的时候，大家的工作环境很差。后来，随着同事越来越多，办公室里巨热无比，几台大风扇并不能解决什么问题。再后来，公司完成A轮融资之后，就搬到了龙泰利大厦。这座大厦的办公环境稍微好一点，有空调了。但是大厦物业规定空调的外机不能挂在大厦外面，所以冷风热风都是内循环的，人一多办公条件就变得很不好。

可即便是这样，盒子科技团队的每个人也都很努力地在做事情。

“反倒是在这个时间点我们更有斗志，我来的时候就40多人，半年没发出工资，到2013年6月，B轮融资下来的时候，我们基本上没走几个人，其实凝聚力还是蛮强的。”知道了公司状况的胡德坤，也加入了没工资领的队伍中，但他却觉得，那段时间整个团队的战斗力是最强的。胡德坤说：“所有人都奔着一个目标去做事情，其实就是憋了一口气为了把事情做成。我们当时都没想其他的，也没时间想其他的。”

设计团队的张子敬刚到深圳不久，几乎没有积蓄，来盒子科技是因为当时公司承诺可以帮他解决住的问题。所以，有一段时间他和另外一个同事与公司签了一份协议，他们两个一起在外面租房子，公司负担房租。但是租的房子除了让他俩住之外，还要让从上海等分公司过来出差的同事短暂住几天。张子敬回忆说，当时一个月的房租将近四千元，但是那段时间公司账上没钱，所以他除了没拿到工资之外，还帮公司把房租交了。

“那段时间，我除了在吃饭方面会有支出，其他方面几乎为零。”张子敬说。为了缓解生活压力，做设计的他想了好多其他办法。业余时间，他做一些手机主题，赚到一些钱。另外，当时张子敬刚好利用业余时间参加了一个国外的UI设计比赛项目，每个月会有一笔固定的收入。就这样，那段时期他勉强挺了过去。

深圳这边大家跟着韩森和吴松在苦熬，上海那边的团队也在熬。“因为我们的工资也是总部发的，所以4个月没发工资，还有一个春节在里面，基本上是要吃‘老婆本’的那种。”何涛说。那时候公司真的是一分钱没发，然后还得干活。

何涛说，当时的想法很单纯，大家都觉得，既然对于公司来说最大的困难是没有现金流，那我们就得想办法把业务做起来，公司挣到钱也就能发工资了。

何涛表示：“当时事情特别多，也是真的苦。不过，我很庆幸那时候没有年纪轻轻就背上房贷，所以经济压力没有那么大。当时觉得反正有东西可以做，就是挺‘嗨’的一件事情，还好只有4个月，我觉得反正还能吃到老本，还可以扛一扛。”

那段时间，盒子科技的员工使出了浑身解数，想办法让自己既可以努力工作，又不至于被生活压垮。除了像张子敬这样用专业能力赚一些兼职的钱外，还有啃老的，花积蓄的，靠老婆工资度日的。总之就是，只要能坚持下去，就绝没有撤退可言。盒子科技人心中的一团火，靠的就是三位“领头羊”的努力和感染。

“我们当时上海办公室的楼下有一个咖啡厅，那段时间很苦，经常跟冬哥一起聊天。有些时候到最后，冬哥也觉得挺苦的，偶尔会说想放弃这种话，但想想又会说我们可以再坚持一下。”何涛说。创始团队已经把自己的全部家当贴进来了，就是因为大家觉得盒子科技现在做的这个事情真的可以干成，眼前的困难只是暂时的。

没有钱的这种状态持续了大半年，从2012年底到2013年上半年。

然而，那段时间盒子科技的创新能力和产品能力是最强的。随着公司战略方向的转移，商户的支付服务慢慢有了起色。2012年11月26日，盒子科技跑通了第一笔商户服务业务，相当于打通了面向商家的To B支付服务。2013年3月，商户服务业务正式运营，这意味着盒子科技的整个战略方向开始转变，业务发展也再次出现了陡峭上扬的曲线。

这个时候，盒子科技的全新价值开始被投资人认可，融资速度也变得快起来。其实，盒子科技还是走了与当时互联网公司概念先行相反的路径，业务和模式跑在了前面，以产品、技术创新为驱动力。或许，太实诚，太集中精力于自身的产品和业务，让盒子科技少了几分在资本市场呼风唤雨的狡黠，但也让它后面的每一步都走得异常稳健。

著名风险投资人Paul Graham曾在“HOW NOT TO DIE”中指出导致创业公司死亡的原因：“一般来说，创业公司死亡，根本的原因是：他们意志消沉了。”

在盒子科技，尽管没钱，但创始人在努力，整个团队在拼搏，创新能力依然强劲。而创新、努力、拼搏、团结，恰好都是对抗失败最有力的武器，这些也恰巧是此时的盒子科技最独特的气质，整个团队依靠目标和信念感向前走，团队的领头羊在努力寻找方向。

经济是有周期性的，公司的发展也会面临各种各样的困难，但在每次度过萧条后，经济都会走向新的繁荣，而公司在经历过寒冬后，都会焕然一新。创业团队就像埋藏在泥土里的种子，只有经历了寒冬，最有生命力的那一颗才会真正成长，破土于重重困局的夹缝之间，爆发于春天真正来临的那个时刻。

# 26 “我们从未怀疑过盒子科技的未来”

威尔·史密斯有一部非常经典的电影——《当幸福来敲门》。这部电影讲述了克里斯·加纳虽历经坎坷，但为了儿子，为了目标不曾放弃努力，最终成为百万富翁的故事。

电影里，克里斯用全部积蓄买下了高科技治疗仪，到处向医院推销，可是由于价格高昂，能接受的人不多。无论他多努力，都无法为妻儿提供一个良好的生活环境。最终，他的妻子选择离开了家，而他依然没有放弃，与儿子相依为命。

克里斯好不容易争取到一个在股票投资公司实习的机会，就算没有报酬，成功的机会只有5%，但他仍努力奋斗。他受尽白眼，却依然坚信，幸福明天就会来临。最后，他开了自己的股票经纪公司，成为百万富翁。

有人说，这是一部情感片，为了儿子，男主从来没有放弃过努力；也有人说，这是一部励志片，提醒那些处在困境中的人，只要不放弃自己，不停下前进的脚步，那么未来一定会出现奇迹的。

但其实，这部电影更像讲述关于未来和希望的故事。克里斯从未怀疑过自己的未来，也从未放弃希望，他说得最多的一句话就是“我们一定会好起来的”。

“我们一定会好起来的”，这句话时常出现在彼时盒子科技人彼此之间的鼓励声中。团队中的伙伴们之所以能够彼此加油打气，正是源自团队中所有人对于盒子科技未来的信心。

从行业来看，2013年中国移动支付的交易规模增长了7倍多，越来越多的用户习惯通过手机支付，而且整个行业并没有呈现昙花一现的趋势，增长势头依然强劲。

而从公司所布局的赛道来看，2013年，银行卡跨行支付系统联网商户共763.47万户，联网POS机共1063.21万台，每台POS机对应的银行卡数量从2012年的497张下降到2013年的396张，商户POS机数量快速增加，整个行业的潜力依然巨大。

在一个快速增长且潜力巨大的行业中，大家都相信，眼前的困难只是暂时的，只要所有人一起努力，公司就能渡过难关，盒子科技未来的发展前景，也是值得期待的。

“第一个是对公司的信念，第二个是我对公司的产品的认知，第三个是我个人的一个发展方向上面。”王志宇说，他之所以留下，就是因为对公司的前景有信心，对公司的产品也有信心。

而且，当时盒子科技团队成员的年纪都很小，大家都觉得可以努力拼一下，毕竟当时自己也没有什么可失去的。如果能够与公司一同渡过难关，做一件有价值的事情，这在今后没准儿也会慢慢变成可以令自己“炫耀”的骄傲的事儿。

“2012年，我29岁，刚刚踏入社会，还比较年轻。那时我觉得即使公司最后倒下了，对我个人而言，损失是可以承受的。”

王志宇说。当时整个上海团队的想法跟他差不多，大家都觉得没有什么可失去的，相反这样的经历还会成为自己一笔宝贵的财富。

“我们基本是国内第一家做音频刷卡器的，那时行业里面的其他公司都没有去做这个产品。”很多盒子科技人都说，那段最困难的时期反而是盒子科技创新能力最强的时期。

能做出这些产品的公司，已经被合作方、用户、竞争对手认可了，那么获得投资人的认可并不会很远。就像王志宇说的：“当时我们做的产品，算是业界比较创新的产品。所以，我对公司的发展前途比较看好。只要能够熬过那个阶段，公司的未来还是会好起来的。”

尽管遇到了困难，但公司一直走在正确的道路上，盒子科技的员工也能从公司的发展中获得成长和收获，所以很多人并不会计较眼前的得失，而是选择了与盒子科技“有困难一起扛”。

当然，除了公司本身的发展前景外，韩森和整个创始团队的努力，让所有人坚定了信念，要和盒子科技一起渡过眼前的难关，以后才会有机会“赢了一起狂”。

创业太艰苦，很多时候，就是因为坚持才有了最后的成就。《创业维艰》的作者本·霍洛维茨就是一名创业者。他早年加入网景，并且与网景创始人马克·安德森有过近20年密切合作，属于互联网第一批创业者。20世纪90年代，网景浏览器在全球的市场份额甚至达到了90%以上。

霍洛维茨认为，在他创业的过程中，遭遇过许多难以想象和无法预期的困难和挫折，甚至2000年的互联网泡沫破裂都被他赶上了。他说："在担任CEO的8年多时间里，只有3天是顺境，剩下的日子几乎都举步维艰。"要相信只要坚持就有转机，天无绝人之路。

当创业者遭遇这种残酷的挣扎时，调整好心态就显得尤为重要。每个出色的企业家都会挣扎，而且是苦苦挣扎。在交换机开发成功之前，华为面临着资金链断裂的危险。任正非私下对身边人表示，如果C&C08研发失败，他只能跳楼。1993年末，C&C08交换机终于研发成功。其价格比国外同类产品低2/3，为华为占领了市场。任正非说："不努力往前跑就是破产，我们没有什么退路，只能坚持。否则根本跟不上电信业发展的速度。"

只要挺过去，也许就能变得更强大。创始人要与同甘共苦的伙伴一起讨论如何解决问题。只有能够分担痛苦和艰难，最终才能分享成功。盒子科技的伙伴们愿意一起分担困难，他们也从未担心过盒子科技的未来。而此时的盒子科技，由于团队成员的彼此相信，迸发出了惊人的爆发力。

# 27 惊人的团队归属感

通常而言，一家创业公司，80%的公司文化都是由公司的核心领导层决定的，而一家公司能否获得商业层面的成功，很大程度上也受到创始人团队的影响。

乔布斯创立苹果公司后，曾因与董事会的分歧负气出走。然而，1997年，乔布斯重回苹果公司，却再次将苹果带到了世界最成功公司的位置，并且创造了商业历史上和其个人职业生涯中最大的咸鱼翻身的案例。

回归后他做得最多的事情不是变革商业模式，而是树立公司员工的信心，让大家重新燃起改变世界的梦想。在刚刚回归后的一次公司内部分享中，他曾这样说："我们提的问题是，消费者得知道：苹果是什么？它代表什么？在这个世界上它处于什么位置（地位）？但苹果不止于此，苹果的核心价值观在于，我们坚信有激情的人能让这个世界变得更美好。我们一直有机会和这样的人合作，和软件开发者，和用户，和你们，或多或少地在改变这个世界。我们确信，人们能让这个世界变得更美好。只有那些疯狂到以为自己能够改变世界的人，才能真正改变世界。"

在现代商业社会，整个公司的特质越来越和创始人团队相一致，包括个性、长处、弱点等。如果创始人团队很有竞争精神，那么公司将会更加上进求胜；如果创始人善于分析、驾驭数据，那么公司也会倾向于理性地作出决定；如果创始人是个深思熟虑的人，公司可能会发展相对平稳；如果创始人是个很好的产品设计者，可以很好地引导公司的产品开发。

所以我们看到，成功的公司都有很深的创始人烙印，就像盖茨之于微软，扎克伯格之于Facebook，任正非之于华为，雷军之于小米。

这一点在盒子科技身上同样得到了体现。韩森的积极、正能量和永不放弃的精神，不断影响着当时留在盒子科技的伙伴们，让大家产生了一种坚定的团队归属感，也让每个人都相信，盒子科技的明天是有希望的。

“老韩就像一台不知疲倦的发动机，燃料箱里面永远装满了油。”

盒子科技的伙伴们对于韩森都有这样一个印象，就是他永远充满激情，永远在努力做事。

2号员工蔡嘉婷就非常直接地说，她之所以很坚定地留下和大家一起努力，就是基于对创始人团队的信心。“我觉得他们都特别有拼劲，那段时间虽然资金有点跟不上，但是创始人很拼。这就让我感觉公司是蛮有前途的。”蔡嘉婷说。这股不服输的劲儿使她坚信，他们一定能把公司带出来，所以她就没有太多的顾虑了。

“老韩的激情是核心竞争能力，当时大家都比较年轻，硬性支出比较少，又都比较有激情，然后才度过了那个阶段。”最早跟随韩森的李德灿对于韩森的正能量非常钦佩，也愿意跟随他一直努力下去。李德灿觉得，在年轻的时候能有一帮赤膊拼搏的兄弟在一起努力，是一件可遇不可求的事情。大家每天朝着一个方向努力，本身就是一件特别幸福也特别好玩儿的事情。“我们这帮人是从零开始的，但中间过程中没有丝毫的怀疑，包括怀疑自己，怀疑公司，怀疑老板，一点都没有。”

韩森自从创业后就形成了一个特别的习惯：喜欢偶尔睡在公司里，半夜起来再工作一会儿。睡在公司令他觉得很踏实。而他这样做，又无意中影响了团队的所有成员，他们愿意跟着他一起努力、一起奋斗。

在深圳这边，所有的工作都在有序地向前推进，每个经历过那段时间的人，都对当时自身所迸发出来的效率和能力感到惊叹。“管理层对我们的任务安排都非常清晰。现在回想起来，那段时间是效率最高的时候，碰到问题，我们一起探讨要怎么处理，然后很快就拍板下来并执行。执行完之后有问题我们再去修正，这是很高效的一种方式。除了薪资没有按时发之外，其他也没有太大的区别。”盒子科技的很多员工说。

就在公司最困难的时候，每个人不仅仅满足于做好自己的分内工作，甚至还相互帮助，承担起了其他人的工作。这种敢于承担和敢于做事的态度，一直延续到今天。

韩森的经历其实揭示了一个创业公司的管理原则，那就是：在公司遭遇困难的时候，作为 CEO千万不能对团队有所隐瞒，一定要实话实说。有时候CEO会担心员工的士气问题，担心引发员工的不良情绪，但如果一直只强调正面、忽略负面，那就会变成粉饰太平，让人觉得CEO只是在描绘一个不存在的美好世界，只会说空话、大话。

## 28 艰难时，每个人都成了通才

“没有前中后台，每个人都是一线。”

“有人负责，我服从；没人负责，我负责。”

在盒子科技，有这样两条“很有意思”的员工准则，被放在员工手册的醒目位置。刚刚接触盒子科技的人，还有刚刚进入盒子科技的新员工，或许对这两条员工准则会有些迷惘。

但其实，这两句话是盒子科技在最艰难困苦的时期，从每个人的实践中汇聚出来的准则。

与盒子科技一起渡过难关的这些人，都有一个共同特点：不怕困难，敢于承担责任，勇于探索。

许兵兵在最初加入盒子科技的时候，职务是设计师，但后来，他却成了一名通才。从设计转到用户体验中心，他要负责所有与产品有关的事情。后来，他又从用户体验中心转到了品牌营销。从品牌规划到公司宣传，从IP打造到舆情监测，他都学了一遍。

其实，在盒子科技，像许兵兵这样的人还有很多，他们都是在公司最困难的那段时间，学会了身兼数职。蔡嘉婷是一名出纳，同时她还是所有人的内勤，负责订餐、买水这样的琐事；李德灿是一名开发人员，但他还要兼任HR，负责招聘；同样是PHP开发人员的莫双荣，还要兼顾行政的工作。

一开始，盒子科技的每一台手刷设备都有一道工序，就是通过手工用胶水把其中一部分粘到整体设备上。因为当时供应商产品模具存在偏差，有2000个零件要放在水中进行人工降温。这样一来，盒子科技拿到的模具都是湿漉漉的。大家担心组装好之后产品有短路的风险，就一起利用下班的时间擦拭，保证每台设备的质量，没有人觉得这不应该做。

即便是公司CTO吴松，也笑称自己是盒子科技的一块砖，哪里需要哪里搬。从最早的技术开发，到带领“特种小分队”去开发To B产品——钱盒，又从带领开发产品到管理技术团队。他说，该做的就得去做，该让位的时候也得给新人让位。吴松同样严格地践行着自己也是“一线”，自己需要负责更多事情的公司准则。

这种人人担当的风格，既是盒子科技在困难时期形成的品质，也是韩森对于员工的要求。韩森对很多员工都说过："你心里头能装多少人，你就能带多少人。你得理解他是个什么样的人，他的核心诉求是什么。"

所以，盒子科技被称为支付服务界的"黄埔军校"，信任和敢于让员工担当就是最重要的原因。

韩森带着盒子科技的这些伙伴们，就像《阿甘正传》里的阿甘一样，不恋过往、不畏将来，只知道向前奔跑！那时的盒子科技人，就像一群没有伞的孩子，除了努力奔跑，他们没有任何资本，但同样他们也没有任何可以失去的东西。就这样，在奔跑中，他们终于迎来了转机。

# 一个疯子和一群傻子

CHAPTER 8

每当你看见一个成功的企业，必定是有人做出过勇敢的决策。

——彼得·德鲁克

## 29 30天的20版融资PPT

很多人都说，人的一生，是由5%的精彩、5%的痛苦和90%的平淡组成的，但支撑大多数人90%平淡生活的，正是对于这少数的精彩和痛苦的回味。

对于韩森来说，或许这两个5%里面，有1%的痛苦和1%的精彩都交汇在了盒子科技获得B轮融资之前的那段日子。那是韩森创业以来最难熬的一段日子，但也是最值得他回味的日子。

从2012年下半年开始，受到全球经济下行的影响，国内的整体创投环境有所萧条。中外创投机构共新募集199只可投资于中国大陆的基金，同比降低21.0%；已知募资规模的193只基金新增可投资于中国内地的资本量为69.19亿美元，同比降低25.7%。钱变少了，直接导致每个项目获得投资的金额数量变少，当年披露的988起投资涉及投资金额共66.01亿美元，同比下降了9.8%。

整体创投环境的短期趋冷，导致盒子科技在A轮到B轮融资间经历了相当长的一段空档期。

每个人都会抬头仰望天空，并且那轮皎洁的月亮最终都会让“梦想照进现实”，令每一个人为了脚下的“六便士”而奔忙。如果长期没有收入来源，再有凝聚力的团队也会分崩离析。

因此，盒子科技的创始人团队一直在想办法筹措资金，而最直接的办法就是，利用正在快速增长的用户数据说服投资人。

这一次，金沙江创投的合伙人杨志伟再次站在了盒子科技的身后，为盒子科技的B轮融资想办法。

“那时候杨总就把我拽到金沙江在北京的总部，然后把我‘关’到一个小的会议室里面。一个月的时间，一直在完善融资PPT，把盒子科技的竞争优势、数据、商业模式，还有对于未来产品迭代和商业模式的进化都讲清楚。”韩森回忆说，那一个月，他做了20个版本的PPT，从不同角度去讲述盒子科技的商业模式优势和产品优势。

然而，韩森发现不管用哪一版PPT，都存在一个问题：他在平时，无论对客户、对员工，还是对投资人，都能够滔滔不绝，但这次不知怎的就是讲不出来，“杨总一说话我就不会说话了，讲不出来”。

其实，韩森之所以讲不出来，与盒子科技一直以来少说多做的公司风格有关。盒子科技的产品和商业模式被验证后，才想办法融资。

然而，近十年间，不少创业者仅仅凭借一个idea和一套并未被验证的商业模式就获得了无数投资人的青睐，站到了风口之上。这就让当时的创投环境开始趋向于PPT融资的模式：创业者凭借优质的idea和商业变现路径来获得投资人信赖，投资人拉头部赛道，给创业公司持续输血，然后冲上市。如果赛道能成，就长期持有，如果赛道被证伪，则套现离场。

所以我们看到，从游侠汽车到ofo共享单车，从乐视到瑞幸咖啡，无数的创业者都凭借PPT和对未来的预期获得了短暂的成功。这就导致相当一部分的创业者不能静下心来精心打磨产品或服务，而是寄希望于行业预期以及赛道优势去影响某一个领域的投资人投入足够多的资源，使得整个团队的计划能够成功。而一旦成功，就证明最开始的idea是正确的决策。越来越多的创业者开始相信，只要自己能够参与整个游戏规则的制定，就可以影响游戏，并从中获利。

这是“市梦率”产生的原因，也容易产生巨大的泡沫。

尽管韩森能够通过20个版本的PPT将盒子科技的核心价值观、产品优势以及行业前景都阐述清楚，但这种方式并不适合他。他希望通过自己的努力，找到真正认识到盒子科技价值的投资人，而不是简单的财务投资者。

好在，“金融+互联网”成了2013年最热门的投资领域之一，这让盒子科技保住了翻盘的希望。

“那段时间，老韩到处去找投资人，天天在外边跑，就是为了尽快拿到融资。”胡德坤说。看到韩森的努力，大家都觉得要为公司做点什么，和公司一起渡过难关。技术部门认为，要加足马力，把产品、系统做好；销售部门认为，要尽快突破更多的商户，让数据更好看一些，也能尽快打动投资人。

乔布斯在《致疯狂的人》里写道：“只有那些疯狂到以为自己能够改变世界的人，才能真正改变世界。”

当时盒子科技人或许并没有改变世界的想法，但他们确实希望自己能够改变点儿什么来证明自己。很多员工回忆说，后来大家知道了这个事情后，并没有受到打击，反倒像打了鸡血一样，干得更加起劲，就是为了证明盒子科技一定能成功。

然而，屋漏偏逢连夜雨，自己的团队可以坚持，仅仅依靠目标和梦想就可以继续拼搏，但供应商不行。就在盒子科技资金最困难的时候，供应商上门来要债了。

这个时候的韩森，该怎么办？

# 30 盒子科技版“卖房保壳”

很多上市公司为了避免连续三年业绩亏损导致退市，通过变卖旗下房产或者土地的方法实现盈利，从而保持自己的上市公司资格，这被很多媒体戏谑为“卖房保壳”。

其实，在那段最艰苦的岁月里，盒子科技也经历过略显心酸的“卖房保壳”。但是，与这些上市公司不同的是，盒子科技名下没有房产或者土地，卖的是公司创始人韩森自己的房子。

“当时，我去上海和中国银联开发合作项目，订机票的钱都是公司财务自己垫的，住酒店的钱则是我自己掏腰包，当时几个月都发不出工资，公司的资金也特别困难。而且，还有供应商和合作方到公司来追款。”杜远说。在公司经营最困难的时候，韩森不仅要面对融资、公司转型等难题，家里也出了不小的事情。所以，当时韩森的压力也特别大。

不过，韩森并没有表现出焦虑，反而把自己在北京的一套房子卖掉，用来缓解公司现金流的困境。

韩森说：“那个时候经常需要我想办法筹钱，工资也没发，还有很多员工为公司垫付了很多费用，现在想起来，都觉得挺对不起大家的。”那段时间每个月的硬支出并不低。当时很多供应商和合作方也很着急，天天来追款。“毕竟人家也要有支出，一直拖着人家的款也不好。”所以，韩森就决定把自己之前在北京买的房子抵押出去，一共抵押了300多万元，用于缓解公司的资金压力。

但是，对于一个公司而言，这些钱并不能解决根本问题，用了很短一段时间就没了。就像杜远说的那样，韩森尽管面临巨大的压力，但从未在团队面前颓废或者焦虑过。在抵押了一套北京房产后，他还跟团队的人开玩笑说：“我们要努力啊，不然房子就真的没了。”除了抵押房子，韩森还尝试用过桥贷等短期金融工具来缓解资金不足状况。

“那段时间，大家都觉得很苦。当然，对于大多数盒子科技的伙伴来说，苦的还只是生活层面的。”当时的老员工觉得，彼时真正难的，还是创始人团队的三个人。除了经济压力很大之外，他们还要想着怎么去找投资，怎么带领公司前进，怎么保持住团队的凝聚力和动力。

“在那种情况下，他们可以把自己的房子贴进来，还是很令人钦佩的。”何涛说，假设当时盒子科技没能渡过那次难关，大部分人只是损失了几个月的时间和一些收入。但韩森他们三个创始人损失的几乎是所有身家，他们要从零开始重新奋斗。

盒子科技的每个人都认为，既然他们还在坚持，身边的小伙伴也在坚持，自己为什么不能再坚持一下？整个团队根本就感觉不到悲伤或者焦虑，全都在拼搏和努力。大家还是想闯一闯，想看看凭借自己的努力，能不能把事情做成。

就像武云飞一样，面临合作方和供应商的催款，他很坚定地站了出来。“当时在龙泰利大厦，我们办公区的尽头是一个楼道，刚好楼道人不多，我们就放了一张桌子在那。”莫双荣对当时供应商来催款的情形还记忆犹新，因为盒子科技当时没有会议室或者小办公室，所以一般供应商来了双方就会到那里去沟通。

一天，两个供应商一起来催款，开始还好，后来聊着聊着情绪就变得比较激动。当时三位创始人正好没在公司，武云飞就主动去和供应商沟通。

“你们稍微等一等，我们这会儿确实比较困难，但是现在这样搞得大家心情都不太好，对谁都没有任何好处，对不对？”

“坐下来好好谈，钱的事情我们认，但是我们也需要时间去想办法解决这个问题。”

“你们来这里堵门，或者砸门，或者拍桌子，都不能把实际问题解决了，对吧？”

“整个行业大家也都了解，再怎么也不至于干不下去的。”

“我们也明白大家挣的都是辛苦钱，我们老板已经把房子卖了，很快钱到账了我们就给你们先打一部分过去。”

“……”

就这样，武云飞慢慢地把供应商的情绪安抚了下来。“我觉得我们还是要感谢人家。”武云飞回顾那段时间，非常冷静地说。供应商和盒子科技能够坐在一起谈这件事情本身就是对公司的帮助，由于盒子科技在供应商和合作方那里得到了谅解，所以没有直接被击倒。

然而，想要真正走出困境，盒子科技需要一笔能让盒子科技To B商业模式得以践行的资金，需要一个认可自己价值的投资方。

## 31 我们离成功，就差一笔钱

据不完全统计，在创业公司中，从A轮到B轮，会有60%的公司消失；从B轮到C轮，接近70%的公司会失败。也就是说，从A轮到C轮会有88%的公司消失。创业失败的概率，就像记录优衣库创办和发展过程的那本书的书名一样——《一胜九败》。

为了提升成功率，很多创业公司都将产品理论中的MVP原则（最小化可行产品，Minimum Viable Product）拿来，用以测试自身商业模式的可行性。

通常在A轮，公司都会测试产品和商业模式、产品的市场潜力以及用户的接受程度和变现能力。对于这种做法，Uber的发展就是个好例子。Uber在初期也曾用MVP方法，以总部旧金山为基点进行小规模扩张。虽然受到当地政府一定的阻力，但通过与政府进行拉锯战以及展开市场攻势，还是顺利扩张起来，而且发展得很快。

事实上，盒子科技在自身发展中，选择的也是这样的发展路径。当To C模式被证明不利于盒子科技的发展时，团队迅速将业务重心转向To B，即围绕商户POS机以及商户支付服务展开产品开发和业务拓展。在并未远离消费者的前提下，迅速升级业务模式。

不过，这种做法也并非万能的。

对于盒子科技来说，最大的困难和风险来自资金链管理的失误。尽管数据和业务在快速增长，但缺钱的盒子科技还是在2013年上半年错过了很多机会。

好在，方向对了，盒子科技距离脱困也不远了。

当时很多员工发现，自己的工作慢慢有了变化，公司的商户服务系统开发、To B业务发展速度等，都比大家想的要快很多。“很快大家都感觉公司系统有点撑不住了，所以在当时，我们花了很多精力维护系统。”盒子科技负责运维的同事说，靠着商户服务的业务，盒子科技的业务慢慢都被捋顺了。在2013年第二季度看到交易量后，大家突然感觉，那段时间的打拼和煎熬都没有白费。

尽管还是没钱，但是大家已经不那么慌了。当盒子科技的商户服务业务慢慢做起来后，大家都意识到，无论如何，公司应该不会面临巨大的倒闭风险了。

情况好起来之后，大家的心情也慢慢放松了下来，能够开一点玩笑了。很多盒子科技的员工，当时开得最多的玩笑是：看见那边那几台Mac电脑了吗？我先盯上了，你们谁也不许跟我抢，如果公司干不下去了，我得先下手。

一切都向着好的方向在发展，盒子科技距离脱离困境只差一笔投资了，不过，投资人何时来，还是一个问题。尽管围绕支付服务展开的商户服务在2013年还属于蓝海，但蓝海也意味着巨大的不确定性，而盒子科技这样一个正在遭遇巨大资金困难的公司，不确定性尤其大。投资人也需要评估，评估团队、评估创始人、评估这家公司究竟能不能站上风口。

这些与盒子科技荣辱与共的伙伴们，事实上已经成了盒子科技的一部分，他们既是公司的员工，也是盒子科技的主人，甚至在某种程度上他们还是投资人。正是因为他们在困难时期的坚持和不离不弃，才有了盒子科技后来的成功。

就像“星巴克教父”舒尔茨在自己的回忆录里写的那样，1986年，舒尔茨离开星巴克创立了属于自己的咖啡馆。由于没有多少积蓄，他从将近30位投资人那儿筹到165万美元创办天天咖啡馆。天天咖啡馆发展很快，1987年年中，三家天天咖啡馆人气超旺，每家店的年均销售额达到50万美元。

一年后，星巴克的创始人决定出售公司，舒尔茨觉得自己应该把星巴克买下来。这一次，他得想办法筹集400万美元。由于大部分的董事会成员对于天天咖啡馆的快速进展印象深刻，所以董事会通过了舒尔茨的计划。

不过，有一个投资人打算甩开舒尔茨，自己收购星巴克，并想把舒尔茨从一个创办者和主要持股人的位置上拉下来，降级为普通职员，从而按照自己的意愿建立一个新的董事会。而且，此人是西雅图的业界领袖，有非常高的社会地位，也拥有丰富的商业资源。后来，其他的投资者知道了实情，决定与舒尔茨一起抵制这个不公平的计划。最终，舒尔茨在短短的几周内筹集到了380万美元，成功地挺过了这一关，击退了恶意收购者，背负起了振兴星巴克的重任。

舒尔茨在后来的回忆录中说："如果你今天问任何一个投资者为什么当年愿意冒这样的风险，几乎所有的人都会告诉你他们投资的是我，不是我的创意，他们信我所信，因为他们没有在其他任何人身上见到过这样的自信和执着。"

相信"相信的力量"是舒尔茨让星巴克成功的原因，也是韩森能够带领盒子科技团队走出困境并最终走向成功的原因。团队成员间彼此信任，坚信自己的公司能够走出困境；创始团队间彼此相信，用明确的分工寻找突破口；创始人相信员工，坚信大家能做出具有创新性的产品从而打动客户和投资人；员工相信创始人，即便几个月没有工资，大家依然能够坚持下去并持续付出努力。

"大家相信我，那么我就必须用自己的行动和努力来回报大家的信任。”韩森说。尽管面临压力，但是盒子科技的伙伴们依然互相陪伴着走过了困难时期。团队信任韩森的正直品格，而韩森也一直在努力，希望不辜负大家对他的这种信任。

## 32 从内部打破自己

在盒子科技的企业文化里有一句话：“人生，从外打破，是压力；从内打破，是成长。”

为了成为更好的自己，盒子科技每年都会在内部召开战略讨论会，讨论公司下一年甚至下一个阶段的发展和变革，赛道和商业模式的选择，发展愿景使命和价值观的修正，等等。

在盒子科技的内部讨论中，所有人都会花费很长的时间和很大的精力探讨公司发展遇到的问题和未来的方向。甚至会涉及“创始人本身的局限会不会影响盒子科技当下和未来的发展”之类的问题。

在盒子科技人看来，内部会议上对问题讨论得越充分，最终才会直指问题的核心。这样最终才会形成所有人的共识，在执行过程中才会最高效。

所以，盒子科技每一次站在十字路口，都会经历一段时间的纠结和彷徨，但最终，盒子科技人都会从内部打破自己，并努力成为更好的自己。

如果让盒子科技的人来选择，究竟哪一次的蜕变对于盒子科技来说最为重要，很多人的答案都是：B轮融资前的这段时间。虽然每个人都背负了巨大的经济压力和精神压力，但也正是这段时间的沉淀，让盒子科技在任何困难面前都变得从容，也都找到了方向。

盒子科技之所以能够形成这种时刻保持危机感，渴望不断进化的企业文化，与韩森在手机行业的创业经历有很大关系。韩森之所以结束在华强北的手机生意，转行做移动支付服务业务，主要原因就在于：韩森见过了太多公司的起起落落，他需要找到一条足够长的赛道保证企业在创业路上不断前进。

创业，犹如逆水行舟，不进则退。这一点在很多公司都得到了印证。

2012年，随着智能手机技术的成熟，手机巨头诺基亚瞬间被击倒。这家在全球市场占据40%份额的公司，几乎一夜之间就被用户抛弃，市值更是下降了96%。

盒子科技所在的移动支付服务行业，情形也与手机行业相似，政策、技术、消费习惯等任何一个因素的变化，都有可能让昨天还是“现金奶牛”的产品或服务，今天就变得无人问津。

因此，盒子科技始终让自己拥抱变化。在2013年的那次“危机”中，除了积极融资以期尽早脱离泥潭外，盒子科技团队还做了几件事，让自己恢复竞争力。

第一，整个团队重新认识了公司的现状。在整个行业快速发展的前提下，盒子科技的团队并没有一味地等待外部转机，而是通过业务重心的调整，将业务重点从普通用户转向中小微商户的支付服务，并且对应开发出新的产品。

第二，重新规范了公司的各项制度。总结之前在财务管理等层面的失误，并做出相应调整和改变。

第三，重组公司结构，提高效率并降低成本和复杂性。通过吴松的尝试，组建To B业务团队，并将产品、技术、运营、财务、BD等部门的责任划分清晰，提高效率，实现迅速改进运营以降低成本。

第四，梳理出正确的企业文化，以增强公司的持续向心力。在这个特殊时期，盒子科技形成了强大的凝聚力，“没有前中后台，每个人都是一线”“相信‘相信的力量’”“拥抱变化才能拥抱未来”……这些盒子科技所特有的企业文化逐渐形成。

在很多盒子科技人眼中，那段岁月虽然辛苦，大家却“痛并快乐着”。在度过最困难的时期后，盒子科技就像涅槃的凤凰，一飞冲天。

福特公司创始人曾说：“如果我问我的客户他们想要什么，他们可能会告诉我，想要一匹更快的马。”在移动互联网时代，用户经常不知道自己需要什么，只有当创业者向用户展示了更好的产品后，真正的需求才会出现。所以，对于大多数创业者而言，他们的机会来自他们对于未来趋势的准确判断。

盒子科技的产品让用户感受到了便捷、高效和低价，获得了用户的认可，唯一欠缺的就是盒子科技并没有让用户养成付费的习惯。没有用户付费，盒子科技的运营异常艰难。不过，也正是在这段时间，盒子科技的用户、投资人意识到，盒子科技的团队是一群“顽固的反叛者”，敢于创造出普通人无从想象的更好的东西；他们具有强大的信念和勇气，务实的态度以及基于用户反馈而不断精益求精的精神。

“我们希望整个团队都能成为一线，所有人都能善于倾听并乐于主动思考，还能对于自己的思考作出相应的调整。这样，我们创业的赢面就会变得更大。我们不会固执地坚持自己最初的想法，而是要不断地从内部打破自己，从而不断创新，不断向上进化。”韩森和盒子科技人从来都不是一群偏执的梦想家，而是不断蜕变的创业者，他们希望在服务好用户的同时，能够引领行业的技术变革。“如果不能服务好用户，我们最重要的优势就会丧失。但如果不能引领技术的变革，就失去了对竞争对手的优势。”盒子科技人坚信，在创新和用户服务层面，只要做到最好，钱迟早都会来的。

# 有惊无险

CHAPTER 9

不尽狂澜走沧海，一拳天与压潮头。

——清·黄仲则

## 33 与失败只差一个月

“这是最好的时代，这是最坏的时代”。英国作家狄更斯的《双城记》卷首语中的这句话，用来形容2013年5月的盒子科技最恰当不过。如果度过了最难熬的那段时间，那盒子科技在今后的几年中，就可以处在最好的时代。但如果没能熬过那段时间，在这个行业井喷式发展的时候被迫离场，那等待盒子科技人的，无疑会是最坏的时代。

在现代商业社会里，企业并不会成为一个永恒不变的实体。对很多创业公司而言，凭借着创业团队对于大趋势的判断，聚集起人力资本、财务资本等因素，大概率会迅速取得成功。

然而，不管经济环境还是企业自身发展状态，都是处于变化之中的，企业随时会面临赚不到钱或商业机会不复存在的困境，也会遇到自身管理不善而被迫退出市场的情况。通常，处于困境的企业，就需要通过变革组织结构、改变商业模式和产品等方式来维持自己的竞争力。企业只是一个生命体，如果不能取得良好的经济效益，它随时都会解散和消失。

从2011年到2020年底的十年间，中国共出现新经济公司13万家。尤其是在2013年，政府号召“大众创业、万众创新”，中国的创业公司数量快速增长，并于2015年达到25919家的巅峰。然而，倒下的企业也并非少数，据统计，近十年来关停倒闭项目数已达到14000多家。

这其中，有经济大环境波动导致的创业失败，但更多的失败还是由于创业公司在产品、经营、现金流管理等方面出现了问题。

盒子科技距离登上这份名单曾经只有一步之遥。

杜远回忆说：“再多一个月，公司还没有融到钱，大家再拿不到工资，可能真的就撑不下去了。”当时杜远正准备结婚，但他结婚的钱都是从亲戚朋友那里借来的。

那时盒子科技的所有人，为了生活，简直想尽了各种办法，有老婆的靠老婆，有父母的靠父母，家里经济状况一般又单身的，就向同学朋友借点钱来顶一阵子。

心理学大师马斯洛在他的博士论文中说过这样一段话：“即使在猿猴、鸟类等动物的社会行为组织中，支配力都源于一种内在的自信心或者优越感，而不是肉体的攻击。其实这就是我们领导力最根本的东西。真正让一个小弟跟着带头大哥走的是这个带头大哥的自信心和优越感，这种优越感不是面对小弟的优越感，而是面对困难的优越感以及战胜困难的自信心。”

然而，即使盒子科技人对于公司的未来发展再有信心，对于韩森的个人能力和人品再有信心，对于盒子科技的产品再有信心，如果没有融资，盒子科技最终也会走向失败。6个月，几乎就是每一个人能够承受的极限。

当时，压力最大的就是韩森，他说：“说好的50万美元过桥贷，结果到手里打了个八折，还必须给对方一部分盒子科技的股份。”当时过桥贷的条件，对于盒子科技的创业团队而言，已经极为苛刻了。但韩森也只能接受，因为这已经是当时盒子科技能得到的为数不多的资金了。

为了让盒子科技能够继续走下去，此时的韩森已经做到了“All in”，他搭上了自己所有的积蓄，并想尽一切办法为公司获得融资。韩森说：“一个公司成功了，那是整个团队努力的结果，而如果一个公司失败了，原因只能归咎于创始人的问题。”

为了解决资金问题，他毫不犹豫地抵押了自己的房子，还以个人名义申请了过桥贷。不过，他在做这些决定的时候，并没有做最坏的打算。对于韩森而言，一旦盒子科技真的做不下去了，等待他的不仅仅是来自员工和股东的质疑，他自己的资产也会清零甚至变成负资产。如果是这样，那就不是从头再来这么简单了。面对这种压力，常人是无法承受的，就算是已经在创业路上摸爬滚打多年的人，也会在某个瞬间感受到压力和举步维艰。

那段时间，韩森的压力已经大到要跳海的地步了。2013年3月一个寒冷的晚上，韩森跑到深圳湾，只身跳入海中。当他被冰冷的海水淹没的时候，理智和清醒再次击败了压力和沮丧，他爬上岸，继续寻找脱困的办法。

“后来我还经常带着盒子科技的高管跑到深圳湾，我跟他们说，我都跳了好几次了，也让你们感受一下。”韩森回忆起那段时光，脸上写满了轻松，但当时韩森的背后是盒子科技员工的生计，也是自己一直以来所追寻的创业梦想。韩森觉得，他要继续积极地想办法，而不是放任自己。

吴松说：“他（韩森）是个特立独行的性情中人，他做什么都不出人意料，但也没必要放大这件事。”吴松觉得，韩森的跳海经历并不能代表什么，因为这就是创业的残酷，也是创业者应该承受的压力，每个创业者每天都会面临巨大压力。

不到一个月，盒子科技的B轮融资终于有眉目了！

## 34 B轮融资到位

山重水复疑无路，柳暗花明又一村。

在中国，很多创业公司都经历过资金困难和融资不顺畅的情况，能挺过这些困难的公司最终都取得了成功。

1999年11月至2000年4月，腾讯同样经历了资金链断裂的困境，时间刚好也是半年。后来，腾讯遇到了IDG和盈科，得到了一笔风险投资。这笔550万美元的投资，让腾讯在弹尽粮绝的时刻获得了继续留在场上的资格。而同样在2000年，孙正义只用了不到10分钟，就决定代表软银将一笔2000万美元的投资交到阿里巴巴的手上。

与腾讯、阿里巴巴一样，盒子科技也是幸运的，他们同样遇到了认可自己价值的投资人，在历经艰难后在最后时刻获得了一笔救命的资金。

韩森说："有一天有中间人说，国微集团要做电视的机顶盒，他们希望把支付模块加在自己的机顶盒产品里。"国微集团当时的设想是在他们制造的机顶盒产品中增加支付功能，这样不管是电视购物还是购买电视节目，只要通过盒子科技的刷卡器或者QRPOS一拍付就能实现支付购买行为。

韩森最早接触到的是国微集团的副总裁帅红宇。在介绍完自己的产品功能和双方合作的设想后，帅红宇觉得，韩森和吴松两个人既有创业激情，对于产品也有自己的想法，对于自己所从事的这份事业也有着无比的热爱。

"我们董事长黄总（黄学良）最近几天在美国，等他回来，我们一起吃饭聊一聊合作的事情吧。"帅红宇觉得，无论从哪个角度来说，盒子科技团队都是值得合作的，但这时的国微集团还没有投资入股盒子科技的打算。

几天后，黄学良回到了国内，双方约好了时间一起吃饭。

双方见面聊得很投机，韩森上来就眉飞色舞地讲述盒子科技产品的特点、优势等。正当韩森在做他的激情演讲的时候，黄学良问了一句话：“你们需要钱吗？”

当时韩森的大脑突然空白了几秒，然后他马上意识到，盒子科技翻身的机会，或许就在眼前了。于是他斩钉截铁地说：“我当然需要钱了，我和我的这帮兄弟们都快穷死了！”

然后，韩森就把自己创业的经历，还有盒子科技最近遭遇到的困境一点点地讲了出来。那天晚上，大家越聊越投机，不知不觉间，四大瓶黄酒就被喝没了。

“当我看到他在这么困难的时候，还没有丧失掉创业激情，对于产品和公司的未来还有着清晰的判断，最重要的是，一个创业团队在6个月没发工资的情况下，还能继续开发产品，真挺不简单的。”黄学良说，他在和韩森的交谈中，感受到了盒子科技团队的凝聚力和执行力，这对于一个创业团队来说，非常重要。

所以，当天黄学良就和韩森口头约定，国微集团投资500万美元，盒子科技出让20%的股份。

韩森一身的压力终于得以释放，站在悬崖边上的盒子科技，这次终于可以继续自己的创业梦想了。终于渡过难关的韩森，没有选择再次去深圳湾的海水里释放这将近200天的压力，而是选择了一醉方休。

“慨当以慷，忧思难忘。何以解忧？唯有杜康。”回到家后，一下子放松下来的韩森在楼下又买了几瓶酒，这一次，他将自己灌醉在了卧室的角落。

酒醒之后，韩森发现，他面临了新的难题。

因为没有融资谈判的经验，他没能和国微集团确定一件事：盒子科技出让的这20%股份，究竟是按照投前估值还是投后估值计算。在和现有投资人金沙江创投讨论这笔投资后，金沙江创投方面觉得，按照盒子科技现有的业务数据、产品优势以及所处赛道的增长速度，盒子科技在B轮的估值至少在3000万美元，那么如果国微集团想要占股20%，至少要追加100万美元。当然，如果国微集团能够追加100万美元的投资，金沙江创投也会选择跟投，以进一步提高盒子科技的账面资金和行业竞争力。

韩森这时犯了难，如果是这样，对方会不会觉得盒子科技的团队在坐地起价？会不会让已经十拿九稳的投资就此泡汤？经过短暂的纠结后，韩森还是决定将实际的情况告诉国微集团。几经犹豫，韩森终于拨通了对方的电话。

“能遇到这样的创业团队也不容易，所以我们也没做太多计较，就答应了。”黄学良说，因为知道盒子科技团队账面上已经没钱了，国微集团甚至加快了整个投资流程，保证资金尽快到账。

然而，“一波三折”这个词用在盒子科技的B轮融资上再恰当不过了，这笔投资在国微集团的董事会上又遇到了难题。国微集团的一个董事认为，这笔投资和国微集团的主营业务并不相关。当然，这名董事也没有明确地提出反对意见，而是巧妙地对黄学良提出了一个附加条件，“黄总既然这么看好这家公司，能不能把你女儿留学的学费也投进去呢？”

“行，没问题。”面对公司董事的质疑，为了打消对方的疑虑，黄学良也答应了这个条件。

现在回过头来看，盒子科技是幸运的，如果当时这些环节中的任何一个出现纰漏，可能也就没有今天的盒子科技了。

就这样，B轮的970万美元终于尘埃落定。在经历了6个月的煎熬，“20+”版本的PPT，无数投资人的各种疑问后，融资终于到位了。

拿到融资后，韩森做的第一件事是给予伙伴们补偿，回报大家一直以来对盒子科技的不离不弃以及每个人在这段时期的努力。盒子科技的很多员工都说：“在得到融资后，我们都拿到了之前欠的工资，而且发现，还多了一个月的工资。”除了补给大家一直拖欠的薪水，盒子科技团队考虑的是，怎么用好这笔钱？

“国微集团对于盒子科技发展的意义非常大，因为他们不是单纯的财务投资人，而是属于战略投资人。除了钱，他们还在产业发展上给予了盒子科技很多支持。”盒子科技的很多高管认为，国微集团的投资解决了盒子科技面临的资金困境。但作为战略投资人，国微集团与盒子科技的全方位合作对于公司发展的意义更大。

在转向商户支付服务后，盒子科技先后推出了钱盒、手机智能云POS产品、通刷宝600和通刷宝602等硬件产品。对于盒子科技来说，寻找硬件代工厂商需要耗费极大的精力在产品品控上，同时需要大量的资金投入。在经历了现金流困境后，盒子科技对这方面也加强了重视。

而国微集团恰好能够解决盒子科技面临的这个难题。国微集团旗下的工厂直接承接了盒子科技的硬件产品生产，然后再卖给盒子科技，同时给予盒子科技半年的账期。这样一来，不但解决了硬件产品的生产和品控问题，盒子科技还通过6个月的账期，变相地得到了国微的资金支持。否则，B轮融资所获得的钱，并不足以支撑盒子科技的战略转型。

帅红宇回忆说：“我们前后为盒子科技生产了300多万台硬件设备。”这些硬件设备让盒子科技迅速穿透中小微商户，取得了不错的市场占有率。同时，商户在使用盒子科技的设备进行收款时，盒子科技可以从合作的金融机构那里获得分润收入。这样一来，盒子科技的现金流状况迅速变好，并很快从2013年上半年的低谷中走了出来。

盒子科技也用自己的行动回报了国微集团。通过硬件代工生产，国微集团在当年就获得了巨大的收益。

一切利他的行为终将利己。国微集团在盒子科技最困难的时候，选择了帮助盒子科技渡过难关，而盒子科技也用自己的努力回报了国微集团。以盒子科技现在的公司规模来算的话，国微集团当初的投资已经收获了不止十倍的投资回报。

当年的一顿饭，对于国微集团的发展也产生了蝴蝶效应。2021年1月，国微控股宣布，该公司全资附属公司国微集团、鸿泰国微和该公司执行董事兼控股股东黄学良与深圳天使投资（独立第三方）订立合伙协议，成立投资管理基金。

该基金将在中国注册为有限合伙企业，首要目标是针对中国深圳经营创新技术产业的初期公司进行天使投资，涉及领域包括（但不限于）集成电路、人工智能、智能硬件、5G通信、物联网、互联网、功率半导体、电子相关新材料及先进制造。

据悉，该基金旨在通过基金提供的特定投资范围及管理经验，进一步促进深圳高科技企业生态系统的成长。同时，作为基金的有限合伙人，国微集团也能够分享基金投资于高科技企业的成功及成长所带来的长期收益。

在解决了资金困境后，盒子科技迫切需要跟上行业的快速发展。不仅如此，盒子科技还力图成为支付服务行业中的头部创业公司。所以，在获得B轮融资后，盒子科技举办了一次年中团建，韩森很认真地感谢了团队一直以来的贡献，并且向大家阐明了盒子科技未来的发展方向：盒子科技要为中小微商户提供聚合支付服务，并努力成为支付服务领域最成功的创业公司之一。

# 35 下一站，聚合支付

“你扫我，还是我扫你？”

“微信/支付宝收款……”

20多年前，当日本电器公司Denso的工程师原昌宏发明二维码的时候，或许连他自己都没意识到，这项技术在多年后会在中国被一众移动支付公司应用到极致。当时，为了推销扫码器，Denso决定把QR码的专利向社会开放。

或许是因为软银是阿里巴巴的股东，或许是淘宝需要更先进的支付技术，二维码支付首先被支付宝引入国内。2011年，支付宝已经占据了国内线上网络支付的绝大部分市场份额。不过，当时线下支付还是以刷银行卡为主。

而在国内，早在2012年11月，盒子科技就已经上线了中国第一个线上线下二维码支付产品：QRPOS—拍付。“在当时，只要拿手机通过音频接口连上我们的‘小盒子’，然后一扫二维码，就会显示需要支付的金额，然后点击确定，就可以把钱付了。”按照韩森的设想，这种支付服务的模式非常便捷，也有利于推广。

其实，这种模式就是现在聚合支付的雏形。在获得B轮融资后，盒子科技通过商户服务快速崛起，着力点就在聚合支付上。

聚合支付也被称为第四方支付、融合支付、一码支付。不同于银行和商户之间的支付模式，聚合支付介于支付服务机构和商户之间，通过APP、网站等渠道聚合多家合作银行、第三方支付服务平台及其他服务商的API接口等支付工具，为B端中小商户提供在线支付综合解决方案。聚合支付不进行资金清算，但能够根据商户的需求进行个性化定制，对于商户而言，具有比较高的灵活性和便捷性。

盒子科技之所以布局线下聚合支付服务场景，是因为盒子科技团队看到了当时支付服务行业的几大痛点。

第一，尽管很多消费者已经开始接触移动支付，但由于技术服务水平有限，要使用的支付方式并不取决于消费者，而是受到消费地点和交易对手的限制：小摊和便利店要用现金，商场和超市可以刷信用卡消费，而一些不大的店面尽管也有POS机，但出于费率原因不能刷信用卡，网银支付或转账还需要U盾或者密码器。这样就导致消费者需要随时备足现金和各种卡，出门消费对于很多消费者就成了一种负担。

韩森希望，盒子科技能够通过在商户端的努力，通过VIPOS和QRPOS等产品的推广，让支付归集到一个途径上，从而使消费者的消费更便捷。

第二，银行系统在当时的反应相对迟滞。在银行系统内，转账操作有时需要2~3个工作日的处理时间，同时需要复杂的插件和U盾，这些在快速高效的互联网时代无疑显得格格不入。

盒子科技人还是希望通过自己为商户提供更高效的服务，给支付服务行业甚至整个金融行业带来变化。盒子科技希望通过自身的努力，基于分享、合作、共赢的原则，将自己创新的经验和先进的技术共享给整个行业，从而带动移动支付服务行业的进步。

韩森曾表示："通过之前的研发、调试、改善用户体验所积累的成果，盒子科技希望未来能把这一整套系统、硬件、移动端APP、后台技术体系开放出来，与银行等金融机构和第三方机构实现三赢。盒子科技希望将自己的服务业务具体落实到为银行提供专业手机客户端应用，服务于商户，增强银行与商户之间的黏性，提供相应的硬件或软件产品，为线下商户提供生意打理、产品、数据分析、金融理财等服务。"

第三，随着移动支付的迅猛发展，第三方支付已很难满足多种支付场景的需要。同时，随着支付市场的分化，碎片化特征愈加明显，未来支付机构不可能"一家独大"，而是应该呈现多元化发展局面。这样对于消费者才是最有利的。

盒子科技希望在不断改善用户体验的基础上，洞察移动支付服务行业的消费刚性需求，并通过银行、盒子科技以及其他合作机构的共同努力，使智能云支付开放平台给用户带来更好的支付服务体验。

另外，韩森还希望，未来的聚合支付不只具有单纯的多码合一、通道聚合等功能，而是在时机成熟的时候，将聚合支付服务作为一个流量入口为商家和消费者提供服务。支付服务+营销=聚合增值服务；支付服务+行业解决方案=聚合SaaS服务；支付服务+供应链=聚合产业链。

当然，再大的目标，都应该从眼下的点滴做起，在自身的技术进步和支付安全方面不断努力。

2013年10月，盒子科技在第三届支付创新（中国）大会上获得了“移动支付技术创新奖”和“年度创新领导力奖”两项大奖，并获得国家高新技术企业认证。

盒子科技的创新理念已经发生变化，并逐渐从硬件层面向理念、模式的创新进化。

钱盒商户通这款产品，已经彻底颠覆传统POS概念，除了具备传统POS的支付服务功能外，盒子科技通过钱盒商户通还为用户提供了账务管理、产品管理、营销管理、金融服务、便民业务等全方位的服务。

对于当时的中小微商户而言，盒子科技的钱盒商户通不仅满足了他们随时随地收付款的迫切需求，还能帮助他们提高结账效率、获得消费数据、降低申请门槛、丰富推广手段。此外，通过盒子科技的服务产品，消费者还能够获得查询交易信息、商家信息和获取优惠等服务，这些服务极大地提升了中小微商户的经营效率。

韩森希望，在支付服务领域，盒子科技可以通过自身在技术和商业模式等方面的创新，改善中小微企业的生存状态，以在自身发展的同时，带动社会经济发展。

互联网时代的精神就是开放和共赢。盒子科技希望自身能够发挥互联网的优势，成为连接商户和用户的媒介，形成交易、促销、打折的金融生态服务闭环。

韩森等创始人团队带领盒子科技的伙伴们熬过了最艰难的6个月，使盒子科技走出了困境。获得了B轮融资后，盒子科技拥有了改变行业的资本，也拥有了带动行业共同向前发展的资格。

古希腊哲学家赫拉克利特说过，人不能两次踏入同一条河流。如果不能从这次的危机中反思并收获经验，盒子科技在未来仍有无数次踏入同一条河流的可能性。

因此，韩森还有他背后的盒子科技团队，也在不断总结盒子科技在这场危机中收获的经验和教训，希望未来的创业之路能够走得更加顺利。

# 36 反思：无畏失败才能收获成功

盒子科技是幸运的，在失血倒下之前的最后一刻得到了B轮融资。但是，一家创业公司不可能凭借运气一直走下去。

在相对安全的日子中，就应该为困难的日子做准备。就像塞涅卡说的那样，“虽然好运在向你施舍恩惠，但你也应该提前做准备，以应对以后可能遭遇不幸的日子”。

在经历了困难之后，韩森开始反思并总结出了一些经验。他认为，在公司经营层面，管理层需要做好现金流的管理；在管理层面，创始人团队依然要相信团队的力量；在决策层面，盒子科技依然要不畏将来、不惧失败。

清华和北大曾联合做过一个调研，调查的对象是全国1435家中小企业。调查结果显示，按照账上现金余额推算，我国创业公司中，有大约34%的公司现金流只能维持1个月，33.1%的创业公司可以维持2个月，而只有9.96%的企业现金流可以维持6个月以上。由此可见，国内的创业公司在资金管理层面缺乏经验是普遍存在的问题。盒子科技在获得A轮融资后，同样没有在现金流管理方面做好。这也直接导致了盒子科技在2013年上半年遭遇经营困难。

在B轮融资之后，盒子科技开始有意识地注意账面现金的管理。“至少储备一年以上的现金，还要准备多个筹措资金的渠道以备不时之需。”韩森说。现在的盒子科技非常注重现金流的管控，那段时间真的是缺钱缺怕了。

虽然在现金流管理上，盒子科技变得保守了，但在鼓励员工创新的层面上，韩森和吴松却变得更加大胆了。他们愿意相信盒子科技员工，并把公司发展的主导权交给他们。

在技术开发层面，吴松对于员工的包容度更高，他希望整个团队是一支敢打仗的队伍，而不是四平八稳、畏畏缩缩的团队。

无论是个人还是团队，想要往前走就需要勇于探索、勇敢尝试，所以创新的前提是允许员工出现某些失误。不过，盒子科技通常不会允许员工在同一个问题上多次失误。

吴松说：“一个优秀的产品，是需要花很多钱才能培养出来的。无论是产品还是技术，每失误一次，就能找到团队的短板，然后把短板弥补起来。这样，团队才能不断成长。容错率就是企业成长要付出的成本，在这一点上，盒子科技从不吝啬。问题是藏不住的，藏问题，大事化小，小事化了，最终付出的代价会更大。”而韩森更希望盒子科技能够打造出勇于面对失败的企业文化。在普通人的工作和生活中，迈向成功的障碍之一就是对失败的恐惧，因为失败带来的不仅仅是对一个人外部的打击，同样是对一个人内心的打击。在接踵而来的批评、羞辱面前，坚持自己的信念感是非常重要的。

在美国，成立于2014年的小型公司中，只有约50%的公司在2018年仍然存续。而在所有存续的创业公司中，最终也只有约1%的公司成了行业独角兽。因此，创业者应清醒地意识到，在某种程度上，失败或许才是创业的主旋律，才是注定要发生的事情。

优衣库创始人柳井正说："建成不会倒闭的公司。你可以九败一胜，但不容许一蹶不振的失败。"

对于创业过程中可能面临的失败，韩森也有着同样的心态。韩森觉得："有时候学会接纳自己的失误，学会接纳别人的失误，自己的内心反而就会更加安静一点。"

在韩森看来，困难反而是一个人成长的机会。无论是创业公司还是个人，只有在经历挫折后不断总结和反思，才能够真正成长。

对于勇敢探索和承受失败的权衡上，许多企业家和韩森有着同样的态度。可口可乐前任首席执行官穆塔·肯特（Muhtar Kent）曾经在一场演讲中说："在我过去36年的职业生涯中，如果我可以选择重新做某件事的话，我一定会致力于打造允许犯错的企业文化。毕竟，我们都是从失败中学习和成长的。"

盒子科技希望用战略会的模式来规避公司发展中的方向性错误。

盒子科技的一位高管说："任何人都有认知缺陷，这些缺陷会导致公司运营的失败，所以，盒子科技希望通过一种风险评估前置的方法来尽量规避大的失误。”因此，韩森乐于在战略会上承认自己的不足和失误，这也让盒子科技能够在最大限度上避免再次陷入危机。

战略会就是盒子科技的团队成员会聚在一起，推演出在接下来的一个周期内，公司在战略层面可能会出现的巨大失败。盒子科技的战略会从可能遇到的失败出发，让团队成员罗列出可能导致失败的所有因素。最后，盒子科技的与会成员会总结出为应对失败而应该提前做准备的事情，同时提出针对潜在失败所能采取的应对措施。

这种结构缜密的会议形式，可以很好地消除盒子科技可能忽略的各种风险，也可以更好地消除公司员工对于未来的担忧与顾虑。通过战略会议，盒子科技团队能够发现自己在方向、产品、商业模式等方面存在的问题，甚至找到自己在价值观层面存在的问题，从而尽快采取补救措施，让一切变得可控。

韩森说：“与其忽略这些潜在的恐惧和威胁，不如让自己提前感受失败，并更好地为失败而准备，从而也能够降低遭遇失败的可能性。”

韩森是幸运的，一场危机让他在盒子科技的团队中找到了很多具有使命感的事业伙伴。这些同伴怀揣着改变行业的信念，不断要求自己做好产品，把做好支付服务这件事当成了自己的事业。盒子科技的很多员工都没有计较过自己的工作时长，在公司资金困难的时候，他们也没有选择离开。

对于一个走在创业路上的团队而言，盒子科技所面对的宏观经济环境、行业发展状况、投资人的选择等要素并不是完美的。但正是这些不完美甚至是挫折影响了盒子科技的员工，进而给整个公司的发展带来积极的变化。

勇于尝试、敢于面对失败，能够及时修正自己的失误并做到止损，这是盒子科技发展至今的成功法则。经过反思后，盒子科技继续着自己的创业之旅，或许连韩森自己都不知道，在不久之后，他的一个被很多人认为注定会失败的决策，最终却让盒子科技成了支付服务行业中最成功的公司之一。

# 分享的力量

CHAPTER 10

不要为顾客着想，而是要站在顾客的立场上思考。

——铃木敏文

## 37 代理商模式的短板

从2013年下半年开始，盒子科技的钱盒商户通手机POS产品因为体形小巧、便于携带，费率低，T+1快速到账，申请门槛低、步骤简单等优点迅速在商户中普及开。盒子科技的支付服务业务开始步入了发展的快车道，业务量呈指数级增长。

在需求端受到用户追捧，自然会吸引大量的渠道代理商，通过这些渠道代理商，盒子科技的产品迅速在全国范围内铺开。

不过，随着渠道代理商队伍的不断扩大，问题也变得越来越多。

当时负责盒子科技渠道工作的同事说："我们当时发现很多市场渠道方面的问题，主要原因就来自于传统的代理商体系。渠道下层的人即便做得再优秀，也没办法超过上面的人。先加入盒子科技平台的渠道商会拥有天然的优势，市级代理能力再强也无法超越省级代理，这是这种体系天然的特点所决定的。”这种模式的短板导致盒子科技不同层级代理之间的摩擦越来越多，很多有动力、有能力的新代理商因为屈居在很多混日子的老代理商之下而颇有微词，其业务拓展的积极性受到了极大的影响。

但问题还不止这些。由于当时移动支付的硬件设备出货量快速增长，代理商尾大不掉的风险变得越来越大。有数据显示，2014年全球MPOS设备的出货量增长95%，所有的支付公司都在跑马圈地，整个市场还是一片蓝海。但市场总会饱和，一旦市场从增量转向存量，那么代理商的向心力就会受到巨大的影响。与此同时，代理商资源的集中化也会给盒子科技带来更多不稳定因素。竞争对手只要肯砸钱，就一定能把相当数量的代理商砸走，这就给盒子科技带来巨大的不确定性。

另外，由于当时同级代理商之间的价格战，上下级代理商之间由分润导致的种种摩擦都开始慢慢凸显出来。

韩森说：“我把钱分给了下一级的代理商，但钱到了这些代理商的手里，他们就不愿意再拿出来分给自己旗下的代理商。上一级的代理商舍不得把钱分给下一级代理商，或者想方设法拖欠应该给下级代理商的钱，下边的代理商不久便开始变得没有安全感。”

这时，盒子科技的创始人韩森开始思考，这样频繁地出现小问题，会不会在未来爆发出更大的问题？究竟是哪些原因导致了这些不断发生的问题？盒子科技该如何解决？

各级代理商追求自己的利益，这一点本身没有错。只要不违反法律和社会的公序良俗，人人都有权力追求自己的利益。

韩森觉得，盒子科技要设计一个新的渠道代理模式。这个模式必须承认人性，承认人们天然要为自己谋利的特点。每个人的奋斗在主观上都是为了让自己过得更好，让自己的利益得到保证。只有承认了这一点，才能够让公司目标和渠道代理商的个人目标始终保持一致。

美国心理学家、行为科学家格拉斯·麦格雷戈曾经提出一对管理学理论——X理论和Y理论。这是一对基于两种完全相反假设的理论，即X理论认为，人天性好逸恶劳，怕担责任，尽可能逃避工作。而Y理论则认为，多数人愿意对工作负责，渴望发挥才能。

所以，我们可以看到，在很多企业中，运用X理论保持企业发展的底线，而同时运用Y理论开拓局面。

在盒子科技最艰难的时候，所有人都是Y理论的样板，共同的目标和愿景，充分激发了盒子科技员工的内在动力，使其自我控制和自我指导。他们会不断扩大工作范围，自动延长工作时间，目的就是让盒子科技尽快走出困境从而实现自己心中的抱负。

但盒子科技并不能要求渠道商或者合作方与盒子科技人一样

努力和奉献。对于这部分人群，显然需要更合理的制度约束和措施激励。

韩森和创始团队认为，要进行销售渠道的制度变革，就要基于人性和欲望进行制度设计。通过制度激发人性中积极的一面，抑制人性中自私的一面，以实现公司和个人双赢的目标。

美国学者斯克特曾提出一个公式：工作成绩＝能力×积极性。即一个人能力越强，积极性越高，工作成绩就越出色，而积极性需要通过外部刺激来获得。心理学研究表明，一个人在不被激励的条件下，一般只能发挥20%~30%的能量；如果受到充分激励，则可以发挥80%~90%的能量。

激励的力量这么大，运用得当的话，必然会发挥奇效。

2013年下半年，韩森开始酝酿渠道模式的改革，核心是分享和共赢。在每一层级渠道商获得利润率不变的情况下，盒子科技改变了原来固有的渠道经销商的固定层级，打破了经销商层级之间的藩篱，根据贡献决定每个人的分配比例。同时，把原来层层划拨的打款形式，改为由盒子科技统一发放，这样就保证了后进渠道商的积极性和安全感。

不过，任何一项改革都不可能一帆风顺，一定会遭遇到现有受益最大者的阻挠。在盒子科技转变渠道销售模式的这场变革中，现有的大的渠道经销商无疑是利益损失最大的，他们的反对声音自然也是最大的。

# 38 再次站在转变的十字路口

在最困难的时候，做出改变容易，但在顺利的时候还能做出改变，就需要极大的勇气。

2013年上半年，盒子科技在现金流极度困难的情况下断尾求生，毅然转向商户服务，很大程度上是因为这是当时的最优解，所有人都能够从改变中受益。但在获得B轮融资后，盒子科技实现了快速发展，盒子科技的产品也逐渐被商户和消费者所认可，此时还谋求转变，难度无疑是巨大的。

用韩森的话来说，当时的改变可以用“壮士断腕”来形容。2014年前后，盒子科技的交易额已经突破了100亿元人民币，这个时候很多人都劝韩森慎重考虑，毕竟这个时候大家刚刚从困境中走出来，所有盒子科技员工的神经依然处于紧绷状态，大家害怕任何细微的风浪都会让公司再度陷入困境。

不过，就像7-Eleven创始人铃木敏文说的，“多数人反对的事业往往能够获得成功”。反之，如果一项事业谁都表示赞同，势必会陷入全面的竞争状态，最后通常以失败或平庸收尾。

经过良久的权衡，韩森还是决定要对渠道模式进行升级，并将这种模式定名为盒伙人。

韩森说：“改变渠道代理模式，就等于把现有的代理模式给拆散了，然后重新打散。这么做会损害一部分代理商的利益。我认为，代理商模式在未来对盒子科技而言没有任何的竞争力。”既然决定了，那就需要团队进行严密的制度设计，以保证渠道商的利益和公司利益能保持一致。韩森说：“钱，我要给够渠道商，而此时的盒子科技也有了足够技术手段来进行更科学的渠道管理，于是我们下定决心改革。当时，我们希望为盒伙人打造出一个‘移动创业平台’，让更多的人能够分享到盒子科技的成功，也能让每个人通过努力寻找到自己的价值。”

在模式设计层面，盒子科技首先强调的就是盒伙人的价值观。

韩森认为，在盒子科技倡导的盒伙人模式之下，包括自己在内的每个人都要坚持利他文化，共生、共创、共赢，公平、公开、公正。为了不损害任何合作伙伴利益，让合作伙伴能长久享受其开发市场所得的收益，盒子科技在盒伙人管理上制定了七条原则：

（1）创业不需要大量启动资金，是真正的低门槛、零风险。

（2）移动创业平台上每位盒伙人都与平台直接签约。平台的新战略、新产品、新活动、各项技能培训统统直达每位盒伙人，效率高、反应快、反馈与响应更及时。

（3）移动创业平台下所有人的价格、规则统一透明，公平、公正、公开的制度让盒伙人机会均等，按劳所得，多劳多得。

（4）盒伙人收益均由平台直接发放，无中间环节，保障每个人的利益。盒伙人之间信任感增加，留住人才，合作共赢。

（5）移动创业平台没有区域限制，盒伙人可以全国发展、组建团队，聚揽全国财富。

（6）移动创业平台下盒伙人之间、盒伙人与平台之间都是共生、共享、共荣的关系，能形成真正意义上的互帮互助和稳定融洽的团队结构。

（7）不同于实物销售的一次性收益，销售金融类产品的收益具有叠加性和永久性，比传统行业创业更具吸引力。

在制度层面，盒子科技通过分润比例上调来保证盒伙人的持续收益，同时设置各种现金奖，对盒伙人进行鼓励。韩森相信，这样的渠道模式能够充分调动所有人的积极性，迅速产生规模效应和裂变效应。

为了辅助新的渠道模式，盒子科技还坚持向平台化方向发展。“开通宝是我们在行业中的首创，也是很多同行今天都在学习的东西。运用这款APP，任何一个盒伙人只要去拓展商户，就必须通过这个APP提交资料。”韩森说，盒子科技通过APP进行审批、消息提醒、分润等。盒伙人所有的展业额度，能够获得的分润、奖励等在APP上一目了然，盒伙人也能够通过APP实现快速提现。

“原来的分润体系不变，但是钱由公司直接发给每个渠道个体。通过这个模式，每个人都会获得相应的酬劳，标准就是多劳多得。”盒子科技的盒伙人对于这种模式非常认可。

条件成熟后，韩森终于要带着盒子科技行动起来了。2014年4月，盒子科技向旗下所有代理商发布《中国“盒”伙人倡议书》。在倡议书中，盒子科技呼吁盒伙人们树立服务小微商户、造福社会的正确价值观，共同维护公司品牌形象，做一个有梦想、有执行力、有社会价值的正能量团队。而盒子科技也将始终与盒伙人并肩战斗，为他们提供一切支持，做他们最坚强的后盾。

在盒子科技内部，所有员工都将传统的渠道代理商模式称为1.0模式，而将盒伙人模式称为2.0模式。这种模式的转变，不仅意味着利益分配方式的转变，还意味着盒子科技全方位的转变。

但是，内部打破谈何容易？上一次，盒子科技从内部打破自己，是因为遭遇了巨大的困难。而此时，盒子科技正处在业务向上快速攀升的阶段，再次做出重大改变，再次打破自己，需要极大的魄力和勇气。

在全球商业历史上，大多数公司都可以在困境中寻求转变，比如IBM，比如曾经的诺基亚。成立于1865年的诺基亚从造纸企业转变成移动通信供应商，是主动求变后的成功。然而，在公司发展成功的时候，诺基亚选择了维持稳定。2007年，诺基亚一度占据了全球手机市场份额的40%。

但是，不在顺境中做出转变，逆境很快就会到来。五年后，诺基亚陷入危机，市值下降了96%。此时的诺基亚才开始进行彻底的变革，试图扭转困局，但其手机业务已经没有机会了。2013年9月，诺基亚以72亿美元的价格将手机业务出售给微软，彻底剥离了这项最成功的业务。

当然，最后诺基亚再次转型成为全球领先的网络基础设施和科技公司之一。其市值从2012年7月的最低点逐渐上涨，到2017年7月已增长了超过500%。但是，与其曾经的风光相比，与后来的苹果、小米、华为等手机厂商相比，诺基亚事实上已经失败了。本来在一个快速增长的赛道上，诺基亚拿到了发车杆位，但它并未主动寻求突破，导致丧失了最后的机会，也被迫寻求发展其他业务。

而韩森和盒子科技这一次坚定地选择了再次改变自己，希望在最好的时候重塑自己。

## 39 艰难的蜕变

对于一个创业公司来说，希望通过一种商业模式或一种技术就让自己立于不败之地几乎是不可能的。创业团队在尝试技术创新和模式创新的时候，可能会面临很多不确定性。比如，盒子科技的音频刷卡器VIPOS和二维码产品QRPOS一拍付，在当时看来，这两个产品都具有不错的发展前景。然而，这两项技术在后来都遭遇了发展瓶颈。VIPOS面临的是手机厂商的变化，手机取消3.5毫米音频接口后，这款产品也就没有了价值，而QRPOS则遇到了政策限制。如果仅仅依靠技术层面的几项优势而放弃持续的研发和创新，盒子科技走不到今天。

在商业模式和渠道模式层面，盒子科技的创新探索同样并未停止。对于盒子科技而言，将渠道模式从1.0升级到2.0的盒伙人模式，就是最具有重要意义的转变，但这种渠道模式的升级和变化，却面临两个最大的难题。只有解决了这两个难题，盒伙人模式才能算真正成功。

第一个难题是如何减少现有渠道商的反对意见，降低2.0模式的推行阻力。第二个难题是如何快速提高盒伙人的展业能力和专业素质，以保证在这种模式下商户能够获得的服务不会受到影响，同时，商户获得服务的价格也不能上涨。

对于现有渠道商的反对，盒子科技团队采取了一种柔性过渡的办法，即让1.0模式和2.0模式在一年左右的时间里并行向前推进，用事实来打动更多的传统渠道商。当坚持1.0模式的渠道商见到2.0模式下的盒伙人反而能够获得更大的利益时，他们的想法自然就会改变。

在成为盒伙人之前，郭鲲鹏在国内一家著名的羽绒服上市公司已经做到总经理助理兼全国营销总监的职位。由于家庭变故，他远离职场休息了一段时间。调整心绪后，郭鲲鹏选择了加入盒子科技成为一名盒伙人。而他加入的时机，正好是2.0模式刚刚开始大规模推广的时候，所以他顺理成章地成为盒伙人制度的第一批“开拓者”。从最初的三个月100万元销售额，到现在“2亿+”的硬件产品销售额，郭鲲鹏的业务量始终保持了快速增长。

正是新加入的盒伙人释放了渠道的积极性，让原有的很多非头部渠道经销商动心，开始转做盒伙人模式的销售。

“我在刚与盒子科技合作的时候，是做传统的渠道代理商模式。在那种模式之下，我是没有多大机会的，转型为盒伙人模式后，我找到了一个爆发点，交易规模和业务增量越做越大。”盒伙人蔡默就经历了两种模式。他很坦率地说，新模式之下，他的收入变得越来越多，而这在传统模式之下是不可能实现的。毕竟，没有人能取代上一级的经销商。

随着下级代理商转型，盒子科技的几个早期核心头部代理商发现，转型对自己未来的发展会更加有利。就这样，韩森带着盒子科技团队，顶着压力，终于把盒伙人模式做成了。此后，大量盒伙人开始加入盒子科技的平台，甚至有一些原本并不是支付服务行业的人也加入了盒子科技成为盒伙人。

那么，盒子科技该如何提高这部分盒伙人的展业水平和业务素质？盒子科技团队给出的解决办法是，通过标准化的培训和高效的工具，让盒伙人迅速上手。

研发线的沈凡，自2015年加入盒子科技后，就一直负责盒伙人APP的开发。沈凡说："来盒子科技的5年时间里，我一直在做盒伙人的平台搭建和升级改造工作。"5年间，沈凡见证了这个平台从开通宝变成盒伙人，再从盒伙人变成了合伙推，从最基础的资料上传和分润提现功能，到现在的各种展业工具、培训资料的集纳的发展历程。未来，该产品还会围绕商户服务增加各种功能。为了提升盒伙人的业务水平，保持盒伙人团队的专业能力，盒子科技逐渐形成了"一学二营三会"的盒伙人培训机制，一学是指针对盒伙人的游学活动，二营是指盒伙人的精兵训练营和指挥官训练营，三会是指培训会、招商会和表彰会。通过系统化的培训，盒子科技的盒伙人团队专业程度越来越高，收入随之快速提高。

韩森还借鉴了很多员工持股的案例，把盒伙人的成长和盒子科技的成长放在了一起。韩森说："我拿出来一部分股份，这部分专门给到盒伙人渠道，保证盒伙人能够与盒子科技一起成长，并从盒子科技的成长中获得收益。第一，盒伙人是我们的渠道合作伙伴，能够获得应有的渠道费用和分润。第二，盒伙人还是盒子科技的股东，每年我们拿出一定比例的利润进行分红。"

2014年12月，盒子科技在C轮融资中专门吸纳了二十几个优秀盒伙人，使其成为公司股东，而这些盒伙人的公司，也因为盒子科技实现了业绩的快速飞跃。

终于，盒子科技凭借着在渠道模式方面的大胆变革，实现了业务量的爆发。用了不到5年时间，盒子科技的交易额就从1.0模式下的100亿元人民币迅速增长到1万亿元人民币。而一直到2018年以后，很多移动支付服务行业的公司才选择跟进，采用了与盒子科技盒伙人模式相类似的渠道模式。

盒子科技副总裁钟志华说："其实在2015年前后，盒子科技的爆发力已经让同行侧目，但是这些同行在代理商模式之下已经做得太重了，船太大不好掉头。"行业中的其他公司，本身牵涉的利益太大，有些甚至已经开始尝试突破千亿元人民币的交易量，那个时候公司如果贸然转型，机会成本太大，一不小心就可能直接导致业务的崩盘。

"塞翁失马，焉知非福。"盒子科技的幸运之处就在于，由于受到融资等方面的影响，当时盒子科技的发展受到限制。这就导致B轮融资后，尽管盒子科技的交易量已经突破百亿元，但在整个支付服务行业，规模并不算大。这也给了盒子科技改变的机会。

无论是渠道代理商还是盒伙人，盒子科技在韩森的坚持下，始终给予渠道方现金分润，从而保证盒伙人的现金收益。而它的对手大多采用的是一半现金一半设备，甚至是全部设备的形式给渠道商返点。

非现金分润，使得支付服务公司和代理商之间形成了微妙的制约和博弈，谁都不敢贸然改变，谁也离不开谁。而对于盒子科技而言，韩森希望盒子科技能够成为一个开放、普惠的创业平台，任何人通过自己的努力都可以让生活变得更好。

韩森觉得："我创业成功了，就希望把自己这些年的创业经验分享给大家，让大家也能成功。"时代给了韩森创业成功的机会，韩森也想将自己成功的经验分享给更多人，从而带动更多人创业成功，实现美好生活。

每个企业从创立之初就在追求一些东西，从而让企业在不断转型的过程中不会"跑偏"。比如，IBM在100年里，卖过很多不一样的东西，但这些东西都有一样特质——为客户提高工作效率。

盒子科技希望通过分享自己的成功，能够让更多的人在自己的平台上成功。所以，韩森和盒子科技的团队一直在用行动践行着自己"利他就是利己""分享才有力量"的公司文化。通过分享，盒子科技把相当一部分收益分给了盒伙人、商户、员工，而正是这种分享，反而成就了盒子科技。

在盒伙人这种基于分享和共赢的模式下，盒子科技帮助了很多人。这些盒伙人用自己的故事告诉所有人，在盒子科技，只要肯努力，只要肯动脑子，就能够让自己和家人过上更美好的生活。

# 40 “盒伙人”终成形

在盒子科技，每年有两场大的发布会。一场是留给自己的，每年10月，盒子科技都会在深圳举行新品发布会，对过去一年自己的发展状况进行总结，对新的一年的行业趋势进行展望，对产品部门的创新成果进行统一展示。

而另外一场发布会，盒子科技则留给自己旗下的所有盒伙人。在每年上半年举行的“盒伙人大会”上，盒子科技会对过去一年的优秀盒伙人进行奖励和表彰，会让他们站在台上分享自己过去一年或者几年间的精彩和苦楚，并告诉大家，自己是如何努力才获得今天的成就的。

“我不断失望，不断希望，苦自己尝，笑与你分享。如今站在台上也难免心慌，如果要飞得高就该把地平线忘掉。”一位盒伙人说，自己在盒子科技的平台上获得了一笔钱后，觉得自己距离成功真的不远了，于是自己跑到KTV，把刘德华的《今天》循环唱了一晚上。他就是想告诉自己，原来努力真的可以有回报，努力是可以让家人过上更好的生活的。

如今，经过5年多的发展，盒子科技平台已经拥有了数百万盒伙人，这些盒伙人每年能从盒子科技获得超过10亿元人民币的各种分润和奖励。

图10-1　盒伙人为商户提供服务

图10-2　小微商户与盒伙人

在人人抗拒“内卷”的今天，盒子科技依然希望，通过普惠、分享和共赢的价值观，让更多人能够依靠自己的力量实现创业成功的目标，带动更多的人成功。而现在，已经有很多盒伙人实现了这样的目标。

## 郭鲲鹏：从“打工人”到“创业者”

对于出身于安徽北部农村的郭鲲鹏而言，推行盒伙人制度不仅是盒子科技的一次转型，更是自己职业生涯的一次关键性的改变，这次改变让他的人生轨迹出现了新的精彩。

大学毕业后，郭鲲鹏就进入了国内服装行业的一家头部企业。在这家公司，郭鲲鹏一干就是9年，从一名普通导购干到了公司分管销售的副总裁。可以说，作为一名职业经理人，郭鲲鹏是成功的。

2013年，郭鲲鹏在一次同学聚会中从自己的同窗好友——盒子科技CEO韩森口中第一次了解到盒子科技的产品。

随后的两年时间，郭鲲鹏过得异常艰难：家庭突遭变故、行业被电商冲击找不到出口、自己的事业也遭遇了瓶颈期……作为好友，韩森在得知郭鲲鹏母亲病倒的消息后，第一时间给了他经济上的帮助，而且再次向他抛出了橄榄枝，希望他成为自己的事业伙伴。

2015年3月28日，郭鲲鹏参加了盒子科技的代理商大会。会上，盒子科技代理商分享了自己的成功故事，大家的成功创业经历对他触动很大。2015年10月29日，郭鲲鹏又带上几个好朋友参加了盒子科技新品发布会。

那一天，盒子科技的S300型慧POS正式对外发布，该产品提供了很多功能，包括卡券管理和会员管理。以郭鲲鹏的市场经验，他完全清楚慧POS这款产品的市场价值。终于，他决定加入盒子科技的平台，成为一名盒伙人。

郭鲲鹏凭借着在当地的人脉优势、优秀的营销话术和营销技巧获得了成功。他在三个月的时间里，仅靠自己一个人的力量就卖出了1003台慧POS机，仅个人销售出去的产品数量就占当地市场同类产品出货量的50%，个人收入超过100万元。

不过，个人的能力始终有限，当所在城市的大中型商户都被郭鲲鹏拿下之后，他发现自己的业务增长陷入了瓶颈。韩森告诉郭鲲鹏："盒伙人的精髓在于分享和共赢，我们设计的机制是普惠的，越多人参与其中，每个人能获得的就越多。就像管仲说的：众寡同力，则战可以必胜，而守可以必固。"所以，韩森要告诉郭鲲鹏的是：要学会和更多的盒伙人分享经验和成功，这才是盒伙人模式的精髓。

郭鲲鹏说："创新是盒子科技成功的第一因素。盒子科技的第一次创新是手机刷卡器，全国独一家，让手机成为移动的刷卡机，便捷了百万商户的交易流程。几年后，盒子科技开发出了聚合支付的系统，大大改变了当时的支付服务行业现状。当然，还有盒伙人制度的推行。如果盒子科技没有当时的果决勇敢，也就不会有现在的成绩。"

现在的郭鲲鹏，每天都会与不同的盒伙人分享自己的创业理念，自己对盒子科技公司文化的理解、对盒伙人制度的理解，并且积极帮助更多盒伙人学会展业的方法。

郭鲲鹏相信，有梦想的人只要不放弃梦想，就能迎来属于自己的未来。

## 蔡默：步步紧跟盒子科技，开创智富人生

2013年底，蔡默只身来到深圳，与深圳的一个朋友花3000元租了一间办公室，招聘了两名员工，开始了自己在深圳的创业之路。蔡默是盒子科技最早一批的渠道经销商之一，是传统渠道经销商模式下盒子科技的合作伙伴。在盒子科技推出盒伙人制度，正式升级为2.0模式后，蔡默觉得这是一次非常好的机会，因此他迅速转型为盒伙人。蔡默说："对我来说，盒伙人让我找到了一个爆发点，相比于之前的模式，我能预期的规模更大，能做到的事情也更多。"

豪爽大气、亲和力强，让他在盒伙人的事业上很快聚集了一批并肩作战的队友。他的创业热情总是不断感染着身边的人。他带领团队不断打破各种纪录，即使遇到困难，也能乐观坦然应对，让整个团队充满正能量。

2016年，蔡默成为首批盒伙人培训师之一。一个合格的培训师所应具备的亲和力和感召力，在他身上都体现得淋漓尽致。在多次盒伙人培训会上，他都以分享嘉宾的身份出席。他的演讲风格深入浅出，善于结合实践，尤其擅长解读盒伙人模式以及传授

慧POS推广技巧。后来，他在全国盒伙人票选中荣获“最具人气盒伙人培训师”称号。

创业三年，蔡默的心态发生了质的转变。以前努力是为了满足自己和家庭，现在努力是想满足更多的家庭。以前为自己设定了一个个想要超越的目标，现在觉得帮助别人成长更有意义。而在他看来，他心境的转变也和盒子科技所倡导的分享、共同成长的文化有关：“每个人创业，第一步都是为了温饱而赚钱，解决了温饱，就是为了赚钱而赚钱，但到了一定程度，就是为了展现个人价值而赚钱。盒子科技的文化也是比较踏实的，给人有安全感的。”

## 张琳琳：告别安逸，追逐无限可能

作为一个90后，张琳琳拥有她这个年纪的女生所应具有的几乎所有标签：自由、高颜值、有个性、执着、果敢……她可以不计报酬去云南支教，也可以放弃安逸的生活只身远行去自己从未去过的城市打拼。她想要做的，就是证明自己。2013年10月，张琳琳大学刚毕业，作为自由成长起来的一代，她与其他90后一样，主观上抗拒循规蹈矩的生活，希望探索未知，希望证明自己。于是，她坚定地背起行囊开启了自己向往已久的云南之旅。原本以为只是一场简单的旅行，后来变成了一边看风景，一边在当地的学校支教。不过，这样一场说走就走的旅行也让她意识到，人生还有很多不一样的精彩值得追逐。

一开始，张琳琳就被家人要求毕业后找份体面安稳的工作。所以她于2015年5月从云南回来后，7月就去了山东青岛的一家地产公司做项目对接。张琳琳说：“我不想在25岁的时候就过上55岁的生活。”于是，她开始寻找突破自我的机会。

2016年8月底，张琳琳经过盒伙人张晓伟的推荐正式加入盒子科技。张琳琳说：“第一次地推的经历让我终生难忘。那次地推是在烟台，因为没经验脸皮又薄，我内心一直很犹豫。但要强的我反问自己，别人可以做到的为啥我不可以？于是我鼓足勇气，在心里反复打好腹稿后便走进了一家家的店。”尽管也会被拒绝，但她依然会争取加个微信，后期保持联系，直到对方对她个人产生信任感并接受她的产品。

或许，在家门口做销售总有些难为情，张琳琳在2016年10月选择远赴大连，在他乡开启自己的事业。慢慢地，张琳琳找到了适合自己的展业方法。她发现，传统的推销方式其实不适合她。于是，她跑到商业区附近摆地摊，一个星期后就开张了。后来，她的业务拓展也逐渐顺利了起来。

张琳琳回忆说：“第二个月就开始爆发了。到了一个半月，我旗下就已经有了106个客户和32个盒伙人，那个时候就创了一个纪录。一开始也没想到招盒伙人可以让你裂变得更快，后面就越来越快了，其实第一步是最难的。”

从0到500万元销售额，张琳琳用了一个半月，但到了第4个月，她的销售额就突破了4000万元，一度成为盒伙人中的传奇。

将心比心、分享成长，这是她成功的关键。“每一个新加入的盒伙人，我都会先给他做全面的培训，然后手把手带着新进来的盒伙人去跑地推，直到他可以独当一面。”张琳琳说。

“每个人都有不一样的精彩，而与伙伴们真诚相待、互帮互助，一起朝着同一目标奋进的快乐，充实而有奔头的生活，这些于我而言都弥足珍贵。”

## 尹利蓉：拥抱变化，成为更好的自己

在成都的家乐福，尹利蓉的收银工作一做就是6年。在这6年的时间里，她从收银员做到了收银助理，从收银助理做到了收银经理。普通家庭出身的尹利蓉发现，她的工作遇到了天花板。如果没有意外，她将会在这个职位上，拿着大几千的工资，一直到老。尹利蓉觉得，可能自己今后再怎么努力，收入也不会有太大的变化。直到多年以后，人到中年的她被公司通知另谋出路。

“晴带雨伞，饱带干粮”是尹利蓉一直以来奉行的座右铭。当她看到自己在未来可能会遇到的危机时，她开始思考自己的出路。她想让家人未来的生活能过得更好一点，她也想再改变自己一次，变成更好的自己。她肯努力、肯下功夫，但机会不是努力就能得到的。

2016年3月，尹利蓉接触到盒伙人。在看到盒伙人的资料后，她还进行了一番市场调研。尹利蓉说：“当时我对盒子科技的理解就是一家安装POS机的公司，那时候我就把身边很多小姐妹，以及有刷卡需求的朋友都问了一遍，发现很多商户都有安装POS机的需求，而且当时的POS机还都不是智能的，价格都挺贵的。”于是，尹利蓉就试着推广了一下盒子科技的产品，结果一个月就推销了135台慧POS设备。

2016年4月，得知盒子科技要开盒伙人大会，尹利蓉就希望能够参加会议——与更多盒伙人更好地交流。而那次的大会，正好是盒伙人大会规模最大的一次，共有一万名盒伙人参与。

“我来到了深圳总部，当时那场大会让我觉得特别震撼，我发现很多人都在从事这项事业，而且大家信心也都非常足。”尹利蓉说，“我回到成都后，用了一个月的时间就办理了离职手续，然后离开了工作6年的公司选择加入盒伙人。”

尹利蓉始终觉得，盒子科技的公司文化是促使她坚持到现在的重要因素，她觉得盒子科技是一个非常有爱、有格局、有社会责任感、有远大梦想的公司。尹利蓉欣赏这种利他的文化，并把这种利他精神植入自己的座右铭中。

从上市公司高管到连续创业者，从大学毕业的90后到普通家庭的女性，盒子科技的盒伙人来自不同领域、不同家庭。通过分享，通过彼此的扶持，通过相互的鼓励，盒伙人的队伍从最初的几个人发展到现在的上百万人。

都说“蝴蝶飞不过沧海”，但彼此帮助、共同努力的一群人，却可以创造出令人惊叹的奇迹。凭借着盒伙人的努力，盒子科技完成了自己的蜕变，而拥有热忱、激情和努力的盒伙人，同样需要盒子科技给予他们更多的帮助，让他们从一张又一张的白纸变成一个又一个成功的创业者，这就是盒子科技的创客大学一直坚持发挥的作用。

## 41 创客大学：让我们一起成功

英国咨询公司UHY International发布的报告显示，在创业公司的数量和增长速度方面，中国都是世界第一。自2010年以来，中国初创企业数量每年以近100%的速度增长。而另一组数据却揭示了创业的残酷性：哈佛大学商学院的调查研究显示，创业企业失败率极高，即使是获得风投支持的创业企业，失败率也高达75%，有超过97%的创业企业达不到它们预期的目标。

为什么创业公司失败的概率会如此之大？很大程度上是因为大多数创业者并没有准备好，还缺乏一个成功创业者所需要具备的素质。

在经历了多次创业的韩森看来，创业之前，创业者需要具备几个素质。

第一，激情的投入和阳光的心态。只有具有激情的创业者，才能够始终高效且全身心投入地去做一件事情。因为热爱，所以往往能以苦为乐，勇于克服创业过程中的困难。

第二，抗拒逆境的能力。在面对困境、挫折时，一个人应该拥有适应困难的能力，能够及时修复自己的状态，甚至可以在逆境中让自己变得更好，这种能力对于创业者来说尤为重要。任何一家创业公司在成功之前都可能经历无数次的困境、危机，每一次困境都可能成为压倒骆驼的最后一根稻草，也可能成为创业者走出困境，迈向成功的机遇。这些困境，盒子科技遇到过，每个创业者也都会遇到，但盒子科技走了出来。这些经验对于创业者而言，异常宝贵。

第三，复盘及修正的能力。创业是一个不断摸索的过程，在这个过程中，创业者必然会犯错，必然会判断失误。反省和复盘，是为了让创业者时刻有认识错误、修正错误的意识，而且强大的复盘能力就是再次学习的过程。作为一个创业者，遭遇挫折，碰上低潮都是常有的事，这时候，反省能力和自我反省精神能够很好地帮助创业者渡过难关。

第四，领导力。领导力是一系列行为的总和。一个创业者，需要让整个团队相信，你能带领大家走向最初约定的目标。美国前国务卿基辛格说："领导就是要带领人们，从现在的地方，到他们还没有去过的地方。"创业者需要具有超凡的个人魅力，吸引人们围绕在他的周围，引导团队成员去实现目标。

创业十年，所有创业者会踩到的坑，盒子科技团队几乎都踩了一遍。韩森和吴松带着盒子科技的伙伴们从一个又一个坑里爬了上来，继续向前走。这些经验对于后来的创业者而言，是非常宝贵的。盒子科技希望通过分享这些经验，可以让盒子科技生态中的创业者少走弯路，尽快取得成功。

所以，为了使不同阶段的盒伙人都能获得成长，盒子科技内部开发出了一系列的盒伙人成长培训计划。

2016年4月，盒子科技创客大学正式成立。

"在行业里，对盒伙人的赋能体系和关怀度是盒子科技成长至今最大的护城河。在盒伙人整体的服务培训里，每个盒伙人从新人到月收入1万元、2万元、5万元，期间的每一个阶段都要接受培训，这是我们的护城河。"盒伙推业务线的曾琦认为，盒子科技通过前中后台的相互配合，给予盒伙人在团队搭建、市场拓展等方面的支持，让盒伙人在整个成长过程中，都能够得到全方位的帮助。

盒子科技的"一学二营三会"，从收入的提升到专业技能的获得，再到个人价值的实现，全方位给了盒伙人以肯定。

一学是指盒子科技每年都会给盒伙人提供游学的机会。目前，已经先后有不同的盒伙人到上海交通大学、武汉大学等高校进行游学。同时，盒子科技还将部分盒伙人送到专业的培训机构进行学习和提升。盒子科技希望，通过自己的力量来带动盒伙人在知识体系和知识结构方面的提升，让盒伙人能够坚持终身学习和不断提高，在学习、思考等方面能够拥有更好的方式和渠道。

二营是指盒子科技每年会面向盒伙人组织精兵训练营和指挥官训练营。

设立精兵训练营就是为了把刚入行的小白盒伙人打造成为能打仗的精兵盒伙人，精兵训练营就是为这群人量身定制的培训课程体系。精兵训练营为盒伙人提供专业的营销技能培训，盒子科技将精兵训练营的培训分成三块，即知识、技能和文化。刚入行不久的小白，是不可能一下子掌握很多专业的知识的。在精兵训练营，初入行的盒伙人可以通过精密训练，在最快的时间里熟悉市场，了解产品，了解用户，熟悉打法，进而快速成长。

指挥官训练营是针对高级盒伙人推出的培训课程体系，用来提升盒伙人的管理能力。当盒伙人的业务发展到一定程度，就需要组建属于自己的团队，这时候盒伙人就需要具有管理和组织能力，发挥团队leader的作用。盒伙人来到指挥官训练营后，需要学习如何管理团队，如何运用SOP的管理来提升自己团队内的初级盒伙人的展业能力。

三会是指盒子科技的培训会、招商会和表彰会。

培训会是针对盒伙人推出的短期培训课程，主要内容是帮助盒伙人了解国家政策的变化、新的经济趋势以及盒子科技对于盒伙人最新的优惠政策等。

招商会是由盒子科技组织的获客渠道，用来帮助盒伙人尽快获得客户。

表彰会则是盒子科技希望能让全部的盒伙人看得到每一个同伴的进步，让盒伙人清晰地了解到，有很多人和自己一样在不断努力。

盒子科技能够被盒伙人相信，主要原因就是自创始人韩森之下，盒子科技所有高管每年都要参与盒子科技的精兵训练营或指挥官训练营的训练，和盒伙人一起成长，一起去做展业，一起倾听市场一线的声音。

成功的企业都有着相似的气质特征，华为坚持让听见炮火的人来指挥战斗，京东坚持每个员工每年都要到一线当一天快递员，这背后的本质就是这些公司希望所有人都能贴近市场、拥抱用户。而盒子科技也坚持，公司的每个人都是一线，每个人都要到一线去倾听市场与盒伙人的声音。

尹利蓉对于盒子科技的这个传统感触很深，这也让她在盒子科技异常有安全感。她说："不管是韩总和宋总还是盒子科技的其他管理层，他们会经常走到盒伙人当中，我们可以从他们身上学到很多东西。""我要求我分管的各个团队，每一次的二营三会都要派人去参与，哪怕是客服团队，哪怕是做非一线业务的支持工作也需要参与。在盒子科技，每名员工都要跟市场去同频，你得看到：别人是怎么做业务的？别人要什么？别人对我们的评价是什么样的？不要天天关上门说自己好，而要看市场对你的满意度有多少。很多不满意的用户，很多时候即便有不满也不会激烈地批评，而是选择直接用脚投票，走了。”盒子科技副总裁钟志华自从由分管销售转为分管业务支持部门后，就将支持部门定位成第二个业务部门。钟志华认为，盒子科技的业务支持部门在很大程度上决定了用户的留存，也决定了盒伙人工作的积极性。所以，盒子科技的业务支持部门同样需要了解市场。钟志华说：“盒子科技的员工只有走出去以后，才能知道市场是什么样的，才能知道消费者真正需要的是什么样的服务。我不希望盒子科技的员工天天假设客户要什么服务，而是通过接触市场真正找到业务和服务的短板，从而真正改进。”

除了业务部门，盒子科技的支持部门、技术部门、产品部门的人员都会到一线接触用户。很多盒子科技的员工都说，他们到训练营并不是做一些简单的培训、文字、支持工作，而是真正到商户那去做地推，获取用户反馈。盒子科技的一位员工说：“我们的团队负责人，基本上每个人都要参加三期以上的精兵训练营或指挥官训练营。大家都要加强对市场的了解，才能保持对市场的持续关注，从而做出正确的判断。”负责训练营组织、策划和执行的徐灵燕说："有一天我在跟副总裁宋美荣聊天的时候，他说，希望通过专业化的培训流程将一个盒伙人从小白迅速转为精英。当时我们一开始并没有非常在意，但是到我们真正行动的时候，包括策划细节，我们都会深入感觉到这个不仅仅只是一个技能培训的训练营，而是真正让盒子科技的每一个人与盒伙人聚在一起，大家凝心聚力，互相扶持战斗。所以在做（二营三会）的过程中，我们也做了很多细节。我们除了做培训，还要帮助盒伙人更好地感受盒子科技的公司文化。"

一开始，盒子科技的训练营就是做一些很简单的培训，包括线上简单的视频培训或语音培训。但是随着针对盒伙人的培训的深入，盒子科技人发现，盒伙人真正需要的是面向市场的实践。所以，盒子科技在2017年推出了全国第一场精兵训练营。徐灵燕说："那一次应该是印象最深刻的，因为这是全公司的第一次，也是盒伙人的第一次，也是支付服务行业的第一次。当时所有参与的盒子科技人都全身心地投入，盒伙人也从这次的培训中收获了很多。"一位盒伙人说："我觉得成长和学习能力是盒子科技给予大家的一个很成功的东西，同时我们也希望帮助到更多普通人去成就他们自己的不平凡。"在第一期精兵训练营的训练中，来自全国各地的盒伙人与盒子科技的员工慢慢形成了一个集体，从陌生到彼此亲密无间。

当然，不管是在训练营中的模拟训练还是真正地到外面进行地推和陌拜，大家收获的不仅仅是开心和快乐，也有痛苦和酸楚。

2017年4月，盒子科技在苏州再一次开启了精兵训练营的营训。有一个外号“两万哥”的盒伙人就非常不顺，仿佛全世界都在跟他作对。几乎一整天过去了，他遇到过最差的态度就是“我不要，你×吧！”。

因为这一系列的遭遇，他开始打退堂鼓，想要放弃。这时，盒子科技的小伙伴给予了他很多鼓励，“两万哥”终于再次鼓起勇气走在前面带着大家继续努力。一次次被拒绝又一次次尝试，最终整个团队的情况变得好起来了。盒子科技一位员工说：“参加训练营也让我有了进步，我发现工作中，最重要的就是调整好心态，这奠定了我在后面做很多事情时的态度，我发现自己的‘逆商’在成长。我开始相信那句话，‘只要你想要，全世界都会帮你’。”

“我们又继续尝试了第一场的指挥官特训营，也就是从技能培训逐渐过渡到盒伙人的管理营训。开始培养盒伙人的管理意识。”徐灵燕说，“后来盒子科技还策划了游学，先后组织大家去了武汉大学、上海交大等国内著名高校，我们安排了学士服给大家穿，使大家不仅获得了技能和管理方面的成长，还获得了仪式感、荣誉感、成就感，感受到了校园的生活和学习氛围。”

“盒子科技的创客大学还曾经带我们去俄罗斯和澳大利亚了解

不同国家的社会文化，让大家在精神层面和文化层面有更多感受，感受到心灵自由。”一位盒伙人说。从熟悉的地方去一个不熟悉的地方感受异域风情，感受这个世界更多有意思的东西，这也是盒子科技给大家提供的开阔眼界的机会。盒子科技的创客大学做了7期，邀请国内知名老师给盒伙人做领导力培训，还策划了红色之旅，让他们感受红军精神。盒子科技认为，每一位盒伙人所处的人生阶段都不同，所以盒子科技希望尽量为每一位盒伙人提供不同的成长机会，让盒伙人在每个阶段都能找到不同的人生奋斗目标。

在盒子科技，盒伙人制度下最有趣的一项活动并不是训练营或表彰会，而是盒子科技为盒伙人准备的吐槽大会。

每年，盒子科技都会组织盒伙人来到深圳，站在台上对台下盒子科技的一众高管吐槽。

钟志华说：“我们作为高管团队，面对盒伙人的‘吐槽’只能听不能反驳。如果反驳就变成对抗，就听不到真实的声音了。其实，这个声音是最短、平、快的接收信息反馈的途径。平时，盒伙人的诉求都是通过客服、渠道经理或者总监来反馈，但都会被过滤和加工。吐槽大会这种形式，能够让盒子科技的管理层获得没有经过加工的，最原生态的信息，所以我觉得这个是盒子科技非常有特色的一个点。”

盒子科技创始人韩森说：“我始终告诉公司所有的管理者，如果不能够听取别人对你的不同意见，不能以积极的心态去听取这些意见，那么，无论是盒伙人还是盒子科技服务的商户，都会对公司失去信心。别人吐槽我们，说明盒子科技的团队还有很大的改善空间。”尽管这些声音很刺耳，但韩森还是愿意选择倾听，因为只有这样，盒子科技才能更好地了解市场的需求，了解盒伙人的难点，了解商户的真实想法。这样，盒子科技才能够推出更好的产品，为商户提供更好的服务。

## 42 一切利他终将利己

在法国19世纪作家大仲马的小说《三个火枪手》中，有这样一句很有名的话：All for one，one for all（人人为我，我为人人）。

虽然，人的天性决定了所有事情先为自己考虑，但如果能做到“前半夜想想别人，后半夜想想自己”，很多路就能够走得更宽了。在现代商业社会，利他的商业行为同样能给自己带来利益。稻盛和夫就曾经在《活法》中说，利他本来就是经商的原点，“求利之心是人开展事业和各种活动的原动力。因此，大家都想赚钱，这种欲望无可厚非。但这种欲望不可停留在单纯利己的范围之内，也要考虑别人，要把单纯的私欲提升到追求公益的大欲的层次上。这种利他的精神最终仍会惠及自己，扩大自己的利益”。

在商业社会，很多单纯追逐自己利益的企业和行业，最终都迷失了自己，被消费者所抛弃。

但如果经营者做的事情既可以给自己带来收益，又能够对社会、对他人有利，虽然短期内会处于不利的竞争地位，但从长期来看，创业者的创业之路会更加顺畅，公司发展的前景也会更加明朗。

亚马逊的FBA（Fulfillment By Amazon）业务搭建了遍布全球的高效储货、送货系统，在全球范围内推行物流的标准化、模块化、服务化。随后，亚马逊完成了整个业务体系的对外开放，从完全利己到完全利他，服务于所有企业用户。亚马逊为此收获的市值和现金流，最终成就了自己。

在一部名为《改革开放40周年：走向世界的中国农村电商》的纪录片中，文化水平一般的姜爱花，依靠在淘宝网上直播卖盆景而改变了命运。仅2018年上半年，她就卖出了价值近300万元的盆栽。阿里巴巴创业20年，为很多人提供了一个全新机会。

而盒子科技和韩森也正是从这样的出发点来设计整个盒子科技的商业模式和渠道模式的，打造盒伙人，打造基于支付的商户服务新生态，都是为了让更多人的生活好起来。

从成立至今，盒子科技保持平均每年50%以上的复合增长率。现在的盒子科技，旗下盒伙人已经达到数百万的量级，这也就意味着，盒子科技为社会创造了几百万个就业机会。同时，盒子科技还先后为超过1000万家中小企业和商户提供了支付服务，覆盖数码、电器、商超等50多个细分行业，在全国600多个城市、2200多个县城、230多个乡镇、50多万个村庄提供服务。

而这一切的爆发力，都来自韩森决定将渠道经销商模式改为盒伙人模式。韩森说："在盒伙人的共享、利他这种文化驱使下，盒伙人数量实现了井喷式的发展，在1.0模式之下的100亿元交易量非但没有缩减，反而在2.0模式下迅速上涨到了500亿元以上。盒伙人模式从2015年底开始施行就取得了良好的效果，所以在2016年6月30日以后，盒子科技的渠道模式全部变成了盒伙人模式。"

通过盒伙人模式，盒子科技在2020年全年的交易量已经突破1万亿元人民币。盒伙人模式不但促进了盒子科技的发展，还带动了很多创业者。过去的10年间，盒子科技为数百万盒伙人创造了近百亿元人民币的商业价值，让无数盒伙人实现了成功创业，也让这些盒伙人的家庭过上了更加美好的生活。

事实上，盒伙人的核心价值观也反映了盒子科技的企业文化：一切利他的行为都是利己的，每个人在帮助和扶持别人的同时，都能够给自己带来福利和增长。

盒子科技的这种开展商业行为与创造社会价值的双目标，通过制度设计让商业和公益在某种程度上产生了化学反应。每个人的商业行为，都会带来社会价值的提升，而每个人的利他行为，也使盒子科技获得了可持续发展的动力。

追求利他，会不会给自己带来短期的成本攀升，从而导致短期竞争力下降，使盒子科技被淘汰出市场？面对这样的疑问，韩森觉得，这样的担心是多余的。

“人类社会走到今天，就是因为利他。”韩森觉得，文明社会和商业社会的形成，是因为交易的出现，而交易的基础正是互利、利他。人们发现，原来做自己的专长，不断发挥和磨炼自己的天赋和才能，并将这些带给其他人，自己的利益反而更大。由此才产生出了社会分工，每个人都离不开他人的帮助和合作。

所以，过去是个人的利他行为导致的社会进步，今后应该是企业的利他行为带动社会的进步。这样的经营思路，与近些年国际上流行的“混合理想（hybrid Ideal）企业”十分相似。哈佛商学院学者Julia Battalina曾在《斯坦福社会创新评论》上撰文提出了“混合理想”这一概念，她认为有一类组织“所做的一切都产生了社会价值和商业收入”，“管理者不必在使命和利润之间做出选择，因为这些目标被整合到了同一策略中。更重要的是，社会和商业价值创造的整合能够实现利润和再投资的良性循环，从而为社会问题建立大规模的解决方案”。一切利他的行为，终将利己。2018年之后，盒子科技又开启了生态模式的打造，希望有更多的人加入这个互利共赢的体系。盒子科技和韩森也从自己分享和利他的行事准则中获得了巨大的成就。盒子科技开始了又一轮的努力，又一次踏上了追寻自己的星辰大海的征途。

# 支付，并非终点

CHAPTER 11

凡是过往，皆为序章。

——莎士比亚

## 43 服务，没有边界

一项关于客户满意度的调查表明：平均每个客户会把他满意的购买经历告诉12个人以上，在这12个人里面，在没有其他因素干扰的情况下，有超过10个人表示一定会光临。但就像一枚硬币一样，反面却是残酷的。客户如果觉得不满意，也会把他不满意的经历告诉20个人以上，且这些人都表示不愿意接受这种恶劣的服务。

可以说，企业的产品和服务决定了客户的满意程度，而客户的满意程度可以增加用户黏性，同时降低拉新费用，从而有效降低企业开发新客户的成本。此外，服务所带来的积极形象，还能够帮助企业树立良好形象，增加品牌附加值。

“在顾客和盒伙人心中，盒子科技能给他们带来的价值是什么？他们选择我们的主要原因是什么？”在整个团队看来，客户和盒伙人选择盒子科技，一方面是因为产品的技术创新优势，另一方面是因为盒子科技产品背后的服务是没有边界的。

盒子科技对客户的服务已然成了没有边界的无限游戏。“每个人都是一线”“产品即服务，产品即品牌”等盒子科技的行为准则，使得整个公司从产品开发到市场、销售，再到对盒伙人的服务，都成为整体服务的一部分。盒子科技的所有部门围绕商户、盒伙人形成了一个健全的服务闭环。

在商户服务层面，盒子科技对于产品的要求是人无我有、人有我优。在产品创新层面，从音频手刷设备VIPOS到二维码支付产品QRPOS，再到后来的钱盒、慧POS等产品，盒子科技一直在开拓，从未停下脚步。

这种不断推陈出新的做法，让用户能够在第一时间获得最新最好的产品。围绕着支付服务产品，盒子科技逐渐打造出商户服务生态。而此时，很多同业的支付公司，要么是聚合支付做得特别专业，要么在售前领域特别专业，但盒子科技希望通过产品创新打造出完整的服务生态体系，与商户彼此赋能，让中小微商户能够快速实现数字化转型。

无论是支付服务还是聚合支付，盒子科技一直希望能够在产品体验上追求卓越，比别人做得更好。因此，盒子科技对产品有更严格的要求。胡德坤说：“2014年，我们有一款名为MPOS-600

的产品。由于这款产品有些瑕疵，吴松当时就召集了所有相关负责人，在会议室当着所有人的面用这个锤子把这款产品砸了，然后宣布产品重新做。”现在，那个锤子还放在盒子科技的陈列室中，目的就是要告诉所有盒子科技人，要做就要把事情做好，否则就不要去做。后来，由于盒子科技在产品质量层面的严格要求，MPOS-600这款产品成为行业的经典，到现在还受市场认可和青睐。

2016年，盒子科技针对盒伙人开发了展业工具开通宝APP，实现了渠道团队的电子化。以前，支付行业的渠道销售在展业的时候，地推人员的统计资料都是纸质的。现在，盒伙人可以通过开通宝APP实现服务商户的资料同步上传，审批效率从原来的2周缩减到2分钟。

“盒子科技最核心的竞争力之一就是盒伙人，这种模式后来被很多同业公司学习和借鉴。但我们觉得他们并没有学到其中的精髓，比如盒伙人的共赢文化，盒子科技对于盒伙人的服务等。当然，这些也是最难模仿的。”所有盒子科技人都承认，盒子科技的服务让盒伙人成功，而盒伙人也在业务线拓展等方面为盒子科技提供源源不断的动能。

对于盒子科技7×24式的服务，尹利蓉很感动。她说：“2017年有个商户，出于一些客观原因，他刷卡后，一直到深夜12点多，钱都没到账。那时我也刚做没多久，不知道怎么处理。我就在群里发了信息，当时钟总（钟志华）在上班，他第一时间给我回了信息，说他会马上处理。”

尹利蓉说：“当时印象深刻的就是钟总说了一句话，‘我让我们的值班人员和你一起处理这件事情，处理好了给我讲一声，我再下班，我等着你’。”这句话让她特别感动。

任何时候，只要盒伙人想要找盒子科技的伙伴们处理问题，不管是不是上班时间，不管是渠道经理还是公司副总裁，只要遇到商户服务层面的问题，盒子科技人都会第一时间去处理。他们说：“盒子科技已经把盒伙人当作了自己大家庭的一部分，作为盒伙人，我们觉得受到了公司足够的重视和尊重。盒子科技能保证我们无后顾之忧地去打仗，我还有什么理由退缩呢？”服务的另一个要素，就是积极地获取用户和盒伙人的反馈，以掌握市场的潜力和趋势，从而进一步进行产品和服务的创新。

盒子科技副总裁宋美荣说：“未来，盒子科技要对盒伙人进行网格化的服务。”

网格化服务要求盒子科技做好多元化的服务，真正从城市规模层面的下沉转变为细分垂类盒伙人的下沉，让整个服务的颗粒度更加精细。这种网格化服务要求盒子科技的团队真正锻炼出精细化的服务能力和业务管理能力。

在商户服务方面，盒子科技在很多时候都是通过社群的方式进行管理，每一个渠道上都有很多的群。但是，社群的反馈时效性和及时性已经不能适应更高效、更便捷的要求了。盒子科技希望未来通过盒伙推的方式，让商户既可以联系到盒伙人，也可以直接联系公司的客服，还可以直接联系本地的渠道或者本地服务商，从而实现线上和线下服务的真正打通。

创新和服务水平，永远有提高的空间，盒子科技希望将这种全方位的服务延续下去，让商户和盒伙人能够从盒子科技打造的生态体系中获得更大的收益，也让每个希望通过盒子科技实现创业梦想的人，能够得偿所愿。

## 44 新总部，新起点

2014年12月，盒子科技搬进了深圳南山区粤海街道的软件产业基地，开启了新的发展征程。

在很多盒子科技人看来，华强北是盒子科技的“筚路蓝缕”，龙泰利大厦是盒子科技的“涅槃重生”，而搬进软件产业基地则是盒子科技“乘风而起”的标志。

在南山区的新总部，盒子科技获得的远不只是更好的办公环境。如果说，华强北代表了深圳的昨天，那么南山区粤海街道就代表着深圳甚至整个粤港澳大湾区的现在和未来。

世界三大湾区，纽约湾区是金融湾区，旧金山湾区由于硅谷的存在而被称为科技湾区，东京湾区是产业湾区。不过，这三大湾区已经同时在向创新经济湾区转型。而粤港澳大湾区，凭借着区域优势和一流的创业环境，直接迈入了创新经济湾区的发展轨道。

2018年，深圳国家高新技术企业共1.44万家，高技术制造业增加值占规模以上工业增加值的67.3%。2019年，深圳第三产业GDP占比60.9%，第二产业GDP占比39%。

而现在的“粤海街道”早已不只是一条单纯的街道，而是深圳科技产业、新金融业的代名词。这里聚集了200多个产业园、4000多家国家级高新技术企业，国内外数得上的高新技术企业，都选择落户这里。

韩森在更早些时候就看到了这里的优势，在2014年底就选择将公司的新总部设在这里。刚来到这里的时候，盒子科技的“邻居”还是一些新兴创业公司，但随着粤海街道的逐渐发展，盒子科技周围的公司慢慢变成了BAT、华为、大疆、甲骨文等全球化的科技公司。

在这里，盒子科技能够更快地获得最先进的技术，并将之整合在自身的产品、服务和商业生态中，从而更好地发挥自身的竞争优势。

粤海街道乃至整个深圳的优势就在于，逐渐形成的总部经济优势可以将金融、科技和产业整合在一起，不同的公司之间可以形成彼此赋能和产业链的互补。凭借公司的集聚优势，深圳可以将区块链、云计算、大数据、人工智能等技术用在普惠金融、风控、供应链金融等领域。

自改革开放开始，深圳就是全国开放和探索的先行者，而在智慧城市发展上，深圳在为全国探索，粤海街道则在为深圳探索。在这里，以信息化创新引领城市发展转型，全面推进新一代信息通信技术与智慧城市发展融合创新，是每个公司都在努力尝试的事情。

而这些尝试事实上都离不开移动支付服务的影子。安东尼·汤森在《智慧城市：大数据互联网时代的城市未来》一书中表示，智慧城市不能完全依靠强大的软件，公众的需求与科技参与将是改变城市的主要力量。但是，了解成千上万的市民的需求，让这些个体参与到宏大的城市规划命题中来，是一个几乎不可能完成的工作，但移动支付服务为解决这一问题提供了一把钥匙。

一次次支付行为，在某种意义上就是市民对这个城市的表达，可以让城市的管理者了解他们需要什么样的商业业态，什么样的服务型政府；也可以让城市的管理者“倾听”他们的焦虑。

盒子科技将总部落户这里，不仅能够将自身优势嵌入整个粤港澳地区的金融场景中，还可以通过自身产业链整合，形成围绕支付的产业生态，再将小生态融入大生态，为智慧城市的发展提供可借鉴可参考的数据和案例。

搬入新总部意味着盒子科技有了新起点，盒子科技中这群从华强北走来的草根创业者，正在粤海街道创造着属于自己的奇迹。

## 45 慧POS的"红点奖"

颜值究竟重要不重要？两千多年前，哲学家亚里士多德就曾对弟子们说，"俊美的相貌是比任何介绍信都管用的推荐书"；而即便是已经进入互联网时代的今天，"颜值不行拼人品，人品不行拼情怀"，颜值仍居于首位。

许多证据显示，高颜值会产生溢价效应，并能在一定程度上为其所有者带来额外的好处。著名经济学家丹尼尔·荷马仕20多年来专注于研究"颜值对实现个人价值所能起的巨大作用"这一问题，他在《颜值与劳动力市场》一文中指出，颜值和终生劳动力总收入呈较强的正相关性。

而在产品层面，颜值同样非常重要，这也是越来越多斩获工业设计大奖的产品能够迅速穿透市场的原因。

"始于颜值，陷于才华，忠于人品"——这句话如果用在产品层面，或许就会成为"始于颜值，陷于功能，忠于创新"。

自创立之初，盒子科技就在功能和创新层面具有天然的优势，而在产品功能层面逐渐形成竞争优势后，盒子科技开始将目光投向产品设计层面。盒子科技团队成员希望，除了在支付速度、安全标准等服务功能方面做到行业领先外，在工业设计方面也尽力做到完美。一位盒子科技的员工说："我们的产品设计得好看了，在推广的时候，就能够用更少的时间成本来打动用户。"

在工业设计领域，红点奖与德国"iF奖"、美国"IDEA奖"并称为世界三大设计奖。而盒子科技的硬件产品曾先后斩获其中的两项大奖。

2017年初，盒子科技旗下的慧POS-S302和好哒APP共同获得了德国iF国际设计大奖。

在一定程度上，iF设计奖已成为卓越工业设计的代名词，每年世界各地的企业、设计师、组织机构、营造商与建筑师都将目光聚焦在iF设计奖上，因为这个奖项被视为当年设计品质的体现。在2017年的评选中，盒子科技的慧POS与好哒APP击败了全球53个国家的5000多件参赛作品，获得了iF设计奖章。

2017年7月，在德国举办的2017年度红点奖颁奖典礼上，盒子科技的慧POS-S302这款产品再次从全球54个国家的5500多件优秀入围作品中脱颖而出，斩获2017年度"红点奖"Winner荣誉（Red Dot Design Award Winner 2017）。

慧POS-S302斩获世界三大设计奖中的两项，说明盒子科技的综合产品力不仅受到了用户的认可，亦得到了专业人士的肯定。

在提到慧POS-S302这款产品时，盒子科技的设计师说："当时在设计这款产品时，我们投入了极大的精力和时间，但对于能否获奖其实并没有更多考虑，而是希望用户拿到的是一款高颜值且功能强大的产品。"

经过一番讨论，盒子科技设计团队将"合理才是优秀"作为慧POS这款产品的核心设计理念，在硬件的刷卡、扫码、充电、摆放，软件的交互流畅、性能、功能（会员、卡券、库存管理、核销）等方面不断打磨，力求让不同用户都能拥有"最合理的体验"。

盒子科技的设计团队提取了大量人体工程数据，充分考虑人们在操作慧POS-S302这款产品时的各种情况，从手持、点击、移动、交互等方面深入研究，力求让产品的每一个按钮、卡槽都使用户获得极致合理的人机交互体验。

在结构设计层面，安全、扎实、耐用成了主题。慧POS从汽车安全设计中获得了灵感，从每一块材料的强度、韧性，到每一个部件的组合、扣锁、加强筋设计等都做到了细细考量，更根据中国银联安全规范设计内部安全方案，进行了产品的整体完善。

在获得两项国际设计大奖前，这款产品已经在国内斩获了"最佳智能POS产品奖""2016年度十大最受欢迎聚合支付产品""最受欢迎的智能POS机""最佳市场人气奖"等重量级大奖。

# 46 从聚合支付到线下商业服务新生态

近几年，国内移动支付之所以能够快速发展，与聚合支付的快速普及有极大的关系。一个二维码能够与非银机构或清算组织的支付服务整合到一起，为商户提供包括但不限于“支付通道服务”“集合对账服务”“技术对接服务”等服务内容，从而减少商户接入、维护支付结算服务的成本支出，提高商户效率。

可以说，聚合支付从供给端（商户）改变了需求端（消费者）的用户习惯，提高了全社会的效率。

如果说盒子科技的第一波发展红利来自产品创新的话，那么盒子科技的第二波发展红利就来自聚合支付行业的快速发展。

2011年，中国联网POS机数量与当时的中小微商户比极低，相当多的中小微商户还用不上POS机。盒子科技就通过首创手机POS刷卡器，将智能POS机的成本压缩到传统POS机的1/10，既满足了广大小微商户线下收款服务的需求，也实现了自身的跨越发展。

2014年之后，聚合支付迅速崛起。随着线上支付市场日趋饱和，支付机构争夺的主战场向线下转移，二维码作为线下支付的主要媒介之一开始被大范围普及。正好在此时，盒子科技完成了B轮融资，并通过渠道模式的创新和迭代，让盒伙人在一线与商户建立了亲密关系。盒子科技不断加强与商户沟通、加深对商户经营活动的理解，逐渐提高服务商户的能力。

随着自身渠道能力和产品研发能力的不断增强，盒子科技与行业一起，实现了呈几何级的高速增长。2014年中国第三方支付综合支付交易规模达到32.2万亿元，同比增长90.3%，2018 年已达到230.4万亿元，同比增长48.8%。在2014年到2018年，盒子科技的年平均增长率更是超过了500%。

然而，随着移动支付服务设备的创新升级，大数据、云计算、人工智能等技术得到广泛使用，支付服务行业开始不断下沉，促使移动支付渗入不同人群，实现了移动支付的全民普及。现在，聚合支付已经从一种商业模式逐渐变成了生态流量入口。

对于商户而言，聚合支付可以一站式接入各种电子钱包，从而给消费者带来更便捷的收银体验。同时，盒子科技等移动支付服务提供者能够基于交易数据的沉淀，给商户带来更精准的营销、更数字化的运营管理等增值服务。对于盒子科技而言，技术进步除了能够让支付服务业务变得更专业化外，还可以带来更多附加的业务收入。

未来，聚合支付的加速下沉，势必会推动支付普惠化进程，而盒子科技可以依托交易数据的沉淀，助力各场景的线下商户实现数字化转型。同时，通过供应链的整合和盒伙人的渠道优势，盒子科技可以打造一个属于自己的商业服务新生态。

相比于现金、刷卡支付、个人收钱码等其他支付方式，聚合扫码支付更便捷，能够有效提升商户的收银效率与收银体验。同时，依托庞大的流量基础，盒子科技可以将粉丝运营、会员体系、积分系统、社交广告等营销服务整合到一起，为商户提供精准营销的整体解决方案，提升商户的获客效果。

通过SaaS服务，盒子科技能够将商户的日常运营数据进行统计分析，并可视化地呈现给商户，为众多中小商户进行了日常运营管理的数字化升级。

在盒子科技的帮助下，已经有越来越多的中小微商户凭借数字化的优势与C端用户直接形成线上联系，沉淀了属于自己的私域流量，提高了用户黏性。而对C端用户而言，通过商户数值化转型，他们可以实现足不出户的便捷购物。

随着我国惠民政策、精准扶贫战略的推动与实施，我国三线以下城市以及农村居民的经济和生活水平不断提升。在过去5年中，我国农村居民的人均可支配收入增长迅速，增速高于城镇居民人均可支配收入。

居民经济水平的提高使盒子科技有机会从一二线城市向三四线城市乃至更为偏远的农村乡县渗透。一方面，盒子科技可以凭借区域经济的发展而挖掘下沉市场机遇；另一方面，由于农业是国民经济的基础，国家高度重视金融机构在实体产业改造和扶贫工作中的推动作用，因而农村金融改革具有重要意义。而盒子科技这样的支付服务机构恰好可以承担起普惠金融的使命，在实现自身发展的同时践行了“利他即利己”的原则。

随着农村智能硬件的普及与政策向农村金融改革的不断倾斜，盒子科技等支付服务机构可以逐渐克服基础设施等客观条件的制约，向农村地区输送有效的金融服务。

在下沉市场，依靠盒伙人的竞争优势，盒子科技的渠道能力和推广能力远高于其他支付公司和互联网公司。2020年，盒子科技业务已经覆盖了全国超过95%的城市及乡镇。基于下沉市场打造全新的商业生态，机会刚刚好。

可以说，布局SaaS业务，打造商业服务生态，布局下沉市场，盒子科技具有天然的优势。

一方面，通过基础的支付服务业务以及盒伙人团队的服务，盒子科技能够与商户形成紧密的合作关系。同时，借助沉淀下的海量商户和用户数据，盒子科技可以充分利用大数据、云计算等技术，结合SaaS软件，为商户提供多元化营销、会员管理、商品管理、财务管理、供应链管理、进销存管理等增值服务，使得商户可以实现经营管理线上化、实时化、云端化、智能化。

另一方面，当围绕着盒子科技产品所积累的盒伙人、商户及普通用户越来越多，盒子科技就可以通过产品迭代形成一个自驱动、自成长、自动分配、自动服务，共生、共创、共享、共同发展的生态系统。

韩森介绍说：“每个人都是我的伙伴，每个人都是价值的创造者，当然，每个人也都应该是利益的分享者。打造自己的这个闭环、小生态，不跟任何人比，盒子科技只做适合自己的用户群体的商业生态。”

## 47 大湾区独角兽——起航

2013年，美国投资公司Cowboy Venture旗下投资人Aileen Lee首次提出了“独角兽”这个概念。Lee将私募和公开市场上估值超过10亿美元的初创公司称为“独角兽”，随后，这个词迅速在谷歌出名，并蔓延至全球的创业者和投资人圈层中。

谁是下一个独角兽？谁能捕获下一个独角兽？哪个行业垂直赛道能够诞生出新的独角兽？哪个独角兽能够上市，实现创业的财富神话？

这些话题不断出现在国内外的科技媒体上，引起无数人的讨论。

盒子科技凭借着在移动互联网、物联网、大数据、金融创新等层面的探索和创新，为全国各地的中小微商户提供了多项独特的创新产品与升级服务，同时创造了大量的就业机会，获得了市场和业界的肯定。B轮融资后不久，盒子科技迅速完成了C轮和D轮融资，并跻身独角兽行列。2018年，盒子科技入选《粤港澳大湾区独角兽白皮书（2018）》深圳地区准独角兽名单。

事实上，这并不是盒子科技的模式第一次被创投圈所认可。2018年初，胡润百富发布《2018胡润新金融百强榜》，盒子科技获评“2018胡润新金融最具品牌价值企业”，一同上榜的还有支付宝、陆金所、众安保险、微众银行等。

2017年，艾媒咨询集团发布“2016中国移动互联网年度巅峰榜榜单”，盒子科技与支付宝、财付通、京东金融、百度糯米、今日头条、摩拜单车、斗鱼TV、映客、易到用车、闲鱼等国内知名企业同时上榜，荣获“2016年度最具投资价值企业”称号。

2016年，盒子科技就以三年增长率1209%的成绩位居“德勤—深圳高科技高成长20强”榜首，并成功入选“2016德勤高科技高成长中国50强”榜单。

独角兽对于创新生态系统极为敏感，其发展与政策、人才和资本等创新要素的支持密不可分。作为创新创业之都，深圳聚集了大湾区超过一半（56%）的独角兽。而盒子科技作为粤港澳大湾区独角兽，在深圳已经获得了巨大的发展机遇和合作机会。深圳在金融科技创新方面一路领先，金融科技企业数量和科技渗透率均位居世界前列。有调研显示，深圳已经成为第七大全球金融科技中心城市。相比同为国际金融中心的香港，深圳在金融制度与资本市场方面的优势已经越来越明显。

随着人工智能等新兴技术的应用，粤港澳大湾区在金融科技创新和融合方面会再上新台阶，深圳在未来势必会将金融科技打造成为金融高质量发展的新引擎。监管趋严是大势所趋，金融科技企业在研发实力、安全合规以及金融风险防范能力方面，需要更多的优势。而技术、安全、生态等方面的优势，正是盒子科技最具竞争力的地方。

韩森说："目前，盒子科技80%的营收来自中小微商户的支付服务业务，但盒子科技绝不局限于支付服务业务。"作为创始人兼CEO，韩森没有停下脚步，而是开始了新一轮的尝试，希望带领盒子科技构建T-SBC盒伙人线下商业服务新生态，其中T是技术驱动力，S是盒伙人，B是商家，C是消费者。

这一次，韩森会再次带领盒子科技人取得新的成功吗？

# PART THREE

第三部分

# 重新出发

（2016—2020 年）

# 从盒子科技到盒子生态

CHAPTER 12

想要保持超前，必须始终在翅膀下装上一个新的发动机。

——罗萨贝斯·莫斯·坎特

## 48 线下力量厚积薄发

2015年，正是中国互联网发展最快之时。

彼时，通过线上的电商，每个人即便在凌晨4点失眠的时候，都可以打开手机网购很多东西，然后第二天这些东西就可以送到家里来。对于当时的用户来说，这样的商业模式让他们不需要负担线下购物的时间成本和交通成本，让生活变得更加便捷。而对于商家来说，可以全天候销售，不依赖线下购物场所售卖产品。

2016年，中国网上零售交易规模为4.97万亿元，占中国社会消费品零售总额的14.95%。

在那两年，国内关于线上和线下发展趋势的讨论甚至激辩此起彼伏。大多数人都觉得，线上的潜力是无限的，线下商业会慢慢萎缩，甚至线上的电商在中国零售市场份额会占到50%以上。

很多人认为，线下实体商业就像“二战”时的机械化集团军，在信息化时代已经落伍了；而线上商业模式则更像信息化之后的空军，具有更大的威力和规模效应。

但是，人们渐渐发现，单纯依靠线上销售并不是最优商业模式，也并不能实现商业利益的最大化。在现代战争中，单一兵种优势再大也很难获胜。

在韩森看来，线下商业模式也在迭代，而且线下的机会才刚刚开始。从流量成本的角度来看，线下租金从2015年开始逐渐趋于稳定，而二三线以下城市的租金成本本来就不高，这给线下商业模式提供了机会；而线上流量成本则在飞速上升，线上获客成本已经逐渐超过了线下的各种成本。

彼时，尽管线上支付如火如荼，但盒子科技从未放弃过线下的布局。在盒子科技人看来，尽管线上商业模式非常方便，但世界毕竟是以社会化形式而存在的，每个人都需要和他人进行互动，在购买物品之前需要体验产品，这就是未来线下的机会。

盒子科技团队成员都认为，发生在新消费领域的变化，就像一场真实的“战争”。线上不可能无限扩张，真正的机会是互联网赋予线下更好的商业模式。因为线上的商业模式即便有再大的威力和冲击力，最终也需要通过线下来实现商业模式的巩固和战场收割。

然而，在商业领域，有这样一个共识：线上快、线下苦。通过线上，创业公司可以凭借资金优势迅速扩大规模，一日千里。但在线下，需要积年累月的付出和努力，需要一家一家地拓展商户，还要持续地为线下商户提供服务，才能够获得一点点成就。

盒子科技并不畏惧这样的困难，通过盒伙人，盒子科技打造了一支具有竞争力的地推渠道团队。盒子科技在帮助盒伙人实现自身财富增长和个人价值的同时，也初步形成了自己的商业生态。通过对盒伙人的扶持和帮助，盒子科技开始探索如何利用互联网赋能线下的商业模式，其线下力量逐渐从量变转向了质变。

互联网给整个社会带来翻天覆地的变化，也给整个中国的创业者创造了机会，而移动互联网时代的到来则使大众创业拥有了更大的成长空间和市场潜力，移动创业逐渐成为创业者追逐的新阵地。

将自己定位为小微商户移动商务和金融信息解决方案提供商的盒子科技，希望通过自身商业模式的普及，让更多普通人在盒子科技平台上实现低成本、高效率的创业。

盒子科技打造的移动创业平台是将移动终端平台、资源平台和业务平台相结合的一种创业模式。通过互联网平台连接商户、智能终端与生态服务圈，最大限度地实现平台资源共享和利益共享，从而降低创业成本、拓宽创业路径、加速创业成功，使任何移动终端的使用者都能在移动创业平台上实现创业。

盒子科技打造了一个开放的创业平台，这个平台包括产品和服务平台、渠道和销售平台，具有全新的战略意义。实现移动创业代表着盒子科技在行业发展、市场开拓、资源整合等方面将有全新的规划布局，依附于平台开放形式实现公司资源共享，助力有梦想的创业者实现全方位多平台创业，打造真正意义上的生态闭环。

为了推动“移动创业”战略的实现，盒子科技在产品端也做了相应的布局。首先是开发了慧POS这款具有颠覆性的产品，这是盒子科技基于新战略打造的第一款产品，也被称为业内第一款生态POS。而为了支持整个生态的发展，盒子科技还全面开放慧POS的SDK开发包，帮助所有合作伙伴在慧UI上进行自由开发；开放慧POS数据网络，帮助各种商业应用、电商平台实现数据闭环；共享慧POS服务体系，为各种商业应用、电商平台提供落地推广服务；向所有智能硬件开发商开放近场通信接口，共享ID识别、位置信息，而商家通过慧POS终端向用户发送营销信息并成功吸引用户消费。

慧POS集刷卡支付、移动支付、NFC、蓝牙4.0、热敏打印机于一体，无需其他外设，且支持会员卡发放、会员积分管理，卡券派发与核销，数据分析管理等，为小微商户提供经营性建议。

通过慧POS，盒子科技实现了全面的终端和平台开放，无论是盒伙人、创业公司、行业解决方案提供方还是个人，都可以基于盒子科技的硬件、平台、终端，搭载各种场景应用，在盒子科技移动创业平台上一展拳脚。

盒子科技的生态战略思路已然成形，他们将互联网赋能线下的思路意志贯穿在每一步的战略迭代中，通过盒伙人的努力，让线下商户不断突破困境，获得新的发展机会。

作为数字普惠金融的重要工具载体，移动支付通过移动互联网的普及提高了普惠金融服务的便捷性与可得性，缩小了区域发展差距和城乡数字鸿沟，也给盒子科技在线下的拓展带来机遇。

从2011年到2018年，移动支付正在打破传统的“黑河—腾冲分割线”，东西部金融服务可得性差距缩小15% 。截至2020年12月，我国东部地区移动支付在手机网民中的使用率为86.5%，较2020年3月提升1.1个百分点；西部地区移动支付在手机网民中的使用率为85.9%，较2020年3月提升2.2个百分点。此外，我国农村地区移动支付在手机网民中的使用率为79.0%。

东西部之间移动支付使用率的差距和城乡之间的移动支付使用率差距都在缩小，这些都给了盒子科技布局下沉市场的信心。为了适应布局线下下沉市场的战略，盒子科技再次升级了其网格化战略。

几年的时间，盒子科技将盒伙人数量发展到数百万，全国城市业务覆盖率达到了95%以上，实现了自己线下力量的厚积薄发。

与此同时，围绕着支付、线下商户、盒伙人，盒子科技的生态系统逐渐成形。在盒子科技的生态规划中，未来的线下商户会从以单纯售卖为主的模式逐渐转变为数字化的流量运营模式。随着线下数据的逐渐沉淀，盒子科技希望在流量数据的挖掘层面也实现线上线下一体化，为商户提供更多维度的变现服务，实现整体效率的提升。

很多人说，当你不知道未来方向的时候，就选择难做的事。

盒子科技给予盒伙人更高的分润，提供更多的培训，打造全方位的服务，既让盒伙人获得了财务自由和个人成长，也打造出了基因纯正的线下力量，在互联网对线下零售的渗透率超过50%的当下，盒子科技曾经的努力正在逐渐收获成果。

## 49 盒子科技生态链成形

1996年，美国管理科学家詹姆斯·F.穆尔在《竞争的衰亡——商业生态系统时代的领导与战略》一书中提出了“商业生态系统”的概念。在他看来，“商业生态系统”是一个有机的联合经济体，人和组织在这个复杂系统中相互依存，在不断交互中共同进化。

对于盒子科技而言，现在打造一个基于移动支付服务的商业生态，时机恰好成熟。一方面，移动支付已经和水、电、煤气一样，成为社会运转的基础设施。2019年，涉及移动支付的行业流水超过200万亿元。移动支付在线上场景渗透迅速，并且向着娱乐、交通、酒店、医疗等现金支付的场景蔓延。以支付服务为入口，可以将更多的中小微商户聚集起来，形成规模效应。另一方面，在盒子科技自身的商业体系中，盒伙人成为链接商户和品牌方的最高效的桥梁。

每个盒伙人都在做自己的事业，都是单独的个体。这些个体了解中小微商户的需求和痛点，能够更好地满足商户需求，与商户融合在一起。此外，每个盒伙人都在进化中，他们通过不断地创造用户价值进行自我增值，再将这些增值分享出去，带动更多的人进入体系。这样的模式正好符合了穆尔所构想的共同体进化。盒子科技、商户、盒伙人形成有机联合的共同体，就像热带雨林一样进化不止、生生不息，形成了动态化平衡。

互联网的本质是分布式、去中心化和分享。盒子科技生态正是通过连接各种资源和商户的线下实体空间，运用数据化、智能化的技术手段，提升生态中所有节点的效率和收益。

熊彼特说过，企业家精神就是创造性破坏，每个人在这样的网络中都可以成为创造性破坏者，只不过要为他创造环境和机制，让所有个体主动连接各种资源，而不是被指挥、被开发。而在盒子科技的生态中，人人都是主体，每个人利己的行为都在利他，每个人的分享和利他也都在促成自己的收益。

2016年11月，盒子科技在公司战略新品发布会上提出了共享金融商业生态系统，要打造一个全民参与、多业态共生的超级生态。

对于盒子科技的商业生态，作为CEO的韩森坦言，“平台+人”模式已是创业趋势，无论是腾讯、阿里，还是滴滴、小米，互联网巨头都在打造生态。然而，这些平台上参与者的身份，依然泾渭分明。产品或服务提供方不可能因为一次销售长期受益，消费方更不可能获得产品外的收益。

盒子科技要做的事，就是打破人与人之间的原有属性，无论是企业、商户、消费者还是个人，只要参与这个生态，就有了统一的身份——盒伙人。

盒子科技生态被理解为开放式的参与系统，这套系统希望找到生态中人的全新存在价值。在这个生态内部，一个传统身份的参与者，作为生态中的个体，通过销售、推荐、共享等方式，去服务其他个体，并成为一个自延展自循环的人网体系一员。每个人既能提供多重服务，亦能享受多种服务。

此外，盒子科技的各子生态之间也相互关联、协同作用，不同业务线能够相互结合，互为补充，共同为用户提供新的价值。由此可见，盒子科技创造的人际关系不存在传统商业单线的买卖博弈，而是一套包容、共赢、共生的极具未来视野的线上线下相融合的全新生态体系。

面对移动互联网的飞速发展，盒子科技从未低估过线下的力量。在盒子科技看来，消费者、盒伙人、商户都需要线下这样的消费场景。

无论何时，人们都需要真实的体验和交互。线下商户作为生活场、娱乐场，提供体验的功能无法被完全替代。对一个实体空间的认同感，一方面，依靠其持续提供日益多元的商品和生活提案。另一方面，2019年，市场中的企业主体90%以上是中小企业，贡献了全社会近80%的就业岗位，与包含零售、餐饮等在内的第三产业高度重合；与此同时，我国线下零售总额占社零总额的74%。因此，线下消费对经济发展、保障就业和社会稳定都意义重大。

尽管电商在社会总零售额中的占比仍然较小，但电商利用线上优势充分挖掘了流量的价值。而反观现在的线下门店，大部分还停留在商品展示的层面，连基本的交易数字化都还未完成。不仅大量线下流量没有被充分利用，其所带来的消费者行为数据也呈碎片化，未能起到任何作用。

一直以来，线下商户最大的问题就在于到店消费即走的消费者难以被追踪，商家想了解消费者可谓是难上加难，更别说基于消费者画像进行更多个性化的操作。因此，如何充分挖掘线下流量的潜力，是决定盒子科技的商业生态能否成功的关键因素。

盒子科技希望，以支付服务作为切入点，利用自身的数字化优势和技术优势来赋能线下商户，实现商户的信息化升级改造，让数字工具越来越简单易用，以弥补线下在流量、规模效应以及整体效率层面的劣势，放大体验层面的优势。

盒子科技希望能够在生态系统下打造出五大子生态系统，即人网、智慧经营网、金融网、专业服务网、OMO网，并通过自身努力，使各方资源相互合作、相互促进，共同打造这个大生态系统。盒子科技通过利益分配机制，让所有产品与服务都在这个网络系统被共享，让系统中的每一个盒伙人都能够更好地实现自我价值。

盒子科技打破了线下与线上、竞争与拓展的各种壁垒和边界。在全国布局海量盒伙人来服务实体商户，利用智慧经营科技终端，帮助商户完成智慧升级。参与生态系统的每一个盒伙人利用移动应用完成了生意发布、业务共享、线上招募，实现了快速拓展。同时，让不同的人直接找到需求者，实现从人到人的服务，打破传统行业模式的身份对立。

韩森认为："在盒子科技的生态中，共享和共赢的思维就像空气，移动互联网是土地，支付、金融、电商、产品、服务就是土地上的庄稼。盒伙人就是耕耘者、收获者，同时也是分享者。这样的生态，和谐美好，却缺一不可。这是我们对商业的理解，对创业方式的理解，我们的生态体系也是为此而设计的。"

在盒子科技的整个生态中，最核心的部分并非很多互联网公司强调的技术、大数据或者人工智能，而是人。

“盒伙人这一块一直是盒子科技一个非常大的优势。”副总裁宋美荣认为。当所有人都在谈论智能和大数据等概念的时候，这样的概念反而会成为一个伪命题。商业生态是为人服务的，自然应该以人为核心来展开。盒子科技最好的展开点就在盒伙人，通过盒伙人这样特殊的渠道，盒子科技希望能够踏踏实实地去做线下的商户服务交付和服务，反而不太会去围绕所谓的智能大数据开展业务。

在盒子科技生态中，技术不只是工具，还为整个系统做加法，但如果只做智能和所谓的大数据这一块的话，整个生态的视野就拉不开。而且，如果单纯地去做智能、大数据的话，阿里巴巴、腾讯这样的互联网公司比盒子科技更具有优势。而在地面团队的战斗力方面，在为商户服务层面，盒子科技才具备优势。

韩森说：“未来，盒子科技要更好地服务生态中的中小微商家。”盒子科技未来不应该将支付服务作为主要收入来源，而是要体现出给商家提供的增值服务为盒子科技自身带来的价值。2021年，盒子科技提出要将为中小微商户的数字化转型升级服务作为战略重点，将业务重心聚焦在商户经营压力和挑战上。

“作为一个企业，如果你不能持续为社会、为实体经济创造价值、赋能，那你还有什么价值？”韩森认为，盒子科技的价值就在于要为生态中的商户提供低价、高效的服务。

盒子科技希望，自己能够为品牌方和中小微商户搭建一条高效的新通路。盒子科技副总裁、新零售业务线负责人胡进表示，盒子科技已经与费列罗巧克力合作，品牌方通过盒子科技直接对接商户，为商户提供活动产品和相关物料，在多城市同时开展费列罗的活动。这样，一方面能够提升品牌影响力，另一方面也可以让品牌方快速下沉。对于商户而言，活动商品也能够提升消费者的黏性。未来，盒子科技还会与联合利华、宝洁等品牌方一起，以相同的模式为商户提供更加丰富和低价的产品。

“这也是分享思维的体现。”韩森说，在盒子科技的生态体系中，盒伙人本身就是线下服务商户，加上盒子科技服务的商户需求，盒子科技能够与品牌方合作，以一个更低的渠道价为商户提供商品，提升商户的利润空间。

“如果商户单独进货，因为数量不够大，会导致成本上升，但是盒子科技作为平台，代表商户与品牌方谈判就有更大的议价权。”胡进认为。这样做，不仅能够帮助商家降低成本，还能让他们赚钱。商户只要在盒子科技提供的SaaS服务平台下单，就能够直接获得相应的商品。这就是盒子科技提出的数字化新通路的概念，也是整个生态中最重要的部分。

# 50 从盒子支付到盒子科技

从手机刷卡POS机开始，到二维码支付，再到人脸识别、虹膜识别、手掌识别等全新技术，支付手段变迁的背后，不仅是收款方式的转变，更是整个社会商业架构的重塑。

随着社会商业的发展，移动支付已经从几年前的全新商业模式变成了底层基础设施。2019年，中国移动支付渗透率高达81%。移动支付的诞生，得益于智能手机、移动互联网基础条件的成熟，也得益于产业链上账户机构、清算组织、收单机构和支付机构等关键环节的相继成熟。

在移动支付基础设施化的趋势下，始终追求技术创新和模式创新的盒子科技也不断调整着自己的经营理念和业务方向，实现从产品创新到模式创新，再到多元化创业的飞跃。

2017年12月8日，盒子支付正式更名为盒子科技，英文名由iBOXPAY改为iBOXCHAIN。这也是盒子科技自创办以来，第一次变更企业名称，从侧面反映了盒子科技围绕支付服务为商家提供更多服务的决心。

Chain意味着链路，盒子科技希望打造一个能够服务更多人的彼此分享的生态链条，让科技为生态服务，让生态为个人创造更大的价值；Chain也意味着趋势，盒子科技希望通过科技的力量，加快战略升级的步伐，以支付服务为入口，以科技为基础，以产品为驱动，提供聚合支付、智慧经营、科技金融、云SaaS等商户综合服务，为创业者和商户赋能，满足所有创业者和商户的互联网升级需求。

盒子科技自2011年成立以来，一直秉承“利他即利己”的经营理念，助力每一个小微商户实现梦想，不断通过产品创新与服务升级，着力为线下商户降低经营成本、提高资金周转效率，助力商户经营信息化升级。

经过不懈努力，盒子科技已与多个行业、数百家机构达成合作，通过“好哒商户通”的智慧经营产品为商户定制了一系列更具针对性、更高效的经营解决方案，助力商户实现门店运营的智慧升级。另外，通过盒伙人APP，盒子科技还希望能够打造出一个移动创业平台，助力平凡但有梦想的创业者实现他们的创业梦想。

从iBOXPAY到iBOXCHAIN，盒子科技不再是一家单纯提供支付服务的公司，而是站在了一个新的起点上，为整个商业生态的发展提供动力。

当然，作为以支付服务起家的公司，盒子科技的支付服务业务已经成为其整个商业生态系统中最基础的一环。在围绕着支付展开的商业生态中，生态环境成了消费者和商家最终留存的重要因素。

扩大和利用支付服务交易中的数据，是支付生态的核心商业模式。小额高频的交易数据，能够充分完成用户画像，这些交易画像是广告营销和金融的天然资源。比如，当生态体系中的平台获得消费者的交易数据（何时何地在何处购买何物），并对数据进行脱敏和底层处理后，就能知道一大部分消费者的消费习惯，从而帮助商家本身和第三方商家进行营销推广。一个喜欢去便利店的消费者，大概率会喜欢周围便利店的打折券，而一个喜欢在附近小吃店就餐的用户，也会更愿意接受周围门店的红包券。这是流量本身的价值，通过这些流量，聚合支付工具还可以用于电商、消费金融等。

盒子科技希望，这个共享、共生、共同发展的生态，在给生态内的所有人带来收益的同时，还可以与其他生态产生互动。盒子科技希望给更多下沉市场的中小微商户带来更大的收益。据不完全统计，国内线下商户超过7000万家，即便微信和支付宝这样的平台，也很难快速渗透。因此，为了快速提升线下中小微商户的数字化能力和供应链溢价，盒子科技希望通过盒伙人实现更大范围内的场景下沉，从而为社会福利的提升做出贡献。

线下商户的需求和场景的复杂程度相当高，使得支付宝、微信这类纯互联网公司难以利用自身规模化复制的方法做出一个标准化产品。反而是盒子科技这样依靠渠道模式创新快速成长，并始终布局下沉市场的创业公司，可以根据客户不同的需求去定制不同的细分产品，满足商户个性化的生意需求。

盒子科技围绕着支付服务展开的流量和生态挖掘之路，或许才刚刚开始。

# 51 慧店的成败得失

韩森曾意味深长地说过这样一句话："我一直都在想，什么时候不靠支付服务挣钱了，盒子科技就会成为一家伟大的公司。"

对于谋求盒子科技二次转型的韩森来说，支付服务之外的附加业务，是他带领整个团队一直在探索的内容。2017年底，盒子科技团队有了新的idea。

2017年初，微信小程序正式上线，凭借流量优势和社交裂变为腾讯在电商和支付领域夺得了一席之地。而很多商家也凭借微信小程序的社交属性获得了不小的收益。那么，在这样一个比拼流量入口的时代，线下商户能不能从线上获得收益呢？

"不是把一个产品卖给一千个人，而是把一个人锁定之后，卖一千个产品给他，然后再让他找一千个人来，再进行一轮购买"。这样的思维在盒子科技的渠道模式升级的时候，已经被印证是可行的。

那么，能不能将这种思路与盒子科技的产品进行结合，通过小程序为商户提供更大的价值呢？

"当时盒子科技希望成为线下商户服务商，按照这个idea，我们分别于2017年底、2018年初和2018年五一在大梅沙做过三次封闭讨论。”笑谱业务线的产品负责人宫晓峰回忆说。2018年五一前后的那次封闭讨论他印象最为深刻。当时的产品经理要不停地脑暴以产品为例的方向，做设计，整理思路，就这样产品、研发、业务各个业务线和盒子科技的高管都在不停地探讨这款产品的方向。

“当时我们在参加这个讨论会的时候，觉得这可能是公司未来3~5年的长期规划。”负责产品的吴丽丽说。当时多次开会讨论，开始以业务小组的形式去讨论，脑暴实现盒子科技从单纯的支付公司转型为线下商户服务商的路径和方法，每一步可能遇到的问题，以及如何克服这些问题。

这7天的时间里，高管来了又走，走了又来，投资人也过来提出各种问题，涉及的相关人员也不停地补充进来参与讨论。

就这样，7天过去了，整体的方向定了下来，产品的方向和路径也确定了，目标用户也明确了，可能遇到的困难也讨论了。大家都回到了公司。

回到公司后，突然变得安静了起来，参与讨论产品、技术的同事们又回归到了正常的工作中。就当大家以为这会成为一个小插曲的时候，新业务重启了。新产品内部代号：路放，这就是后来的慧店。

2018年5月最后一星期，项目正式启动，6月初要发一个版本，但是所有的设计都没出来，所有的架构还没搭出来。然后就是8

月30日的demo版产品，10月产品正式上线并召开新产品上线新闻发布会。

“当时我带了几个产品经理在做整个的产品结构，基本上那段时间就很痛苦，因为你既要考虑到整个业务逻辑，能确保短时间内出一个demo版，又要确保你的架构能够满足它未来的可持续发展和它的多变性，所以就很有挑战性。因此，有一段时间我们每天都是凌晨三四点下班。”宫晓峰说。那一段时间整个项目团队每天下班都特别晚，基本上一周7天都在公司里加班。为了保证身体状态能承受住天天熬夜加班的工作强度，保证产品于10月发布上线，宫晓峰还特意去报了健身私教课。

终于在2018年10月16日，慧店上线了。

上线的慧店小程序包括了五个功能：通过商家主页和海报进行引流；通过智慧商城和产品视频促成交易；通过分销和拼团进行裂变；通过分析用户行为数据让商家快速了解用户，实现复购；通过商家工作台进行员工和订单管理。

盒子科技希望，这款产品最终能够解决线下商家获客难、留存难、不懂营销、广告费高、转化率低、复购率低和管理成本高等痛点。

现在看来，对于迫切需要数字化转型的线下商户来说，这种做法带来的帮助无疑是巨大的。而且，产品的整个逻辑也是非常严密的。但商业并不是简单的数学题，产品的成功很多时候受到很多其他因素的影响。

如果将时间向前推三年，那么情形就完全不一样了。2019年，我国聚合支付覆盖的商户才2307万家，商户渗透率为46.1%。而在慧店推出的2018年，聚合支付商户渗透率更低。就像摩托罗拉的铱星计划，IBM的Watson Health业务等创新业务一样，过于超前的产品很多时候需要付出太多的用户教育成本和推广成本。

对于慧店，韩森有着自己的看法："时机对了，事儿不对不行；事儿对了，人不对不行；人对了，方法不对不行；方法对了，赛道选错了也不行，何况是这么复杂的一个创业项目。"最终，慧店没有被用户认可，但盒子科技团队依然从这个项目中收获颇多。

慧店团队的很多成员都在那段时间学会了从商业价值的角度来看待一个产品，而不是单纯地从功能、创新层面来看。"以前对于产品的思考，是怎么设计一个功能点，操作是怎么交互的。"一位产品团队的成员说，经历了那段时间后，团队的眼光和看事情的高度变得不一样了。因为那段时间盒子科技的团队会和投资人与合作方探讨产品的功能，每个人关心的点都不一样，所以在表达方式和表达内容方面要不断地修正自己，并且根据各方的意见调整产品。这样一来，大家对于整个产品有了更加清晰和全面的认识。

宫晓峰说："那个项目（慧店）虽然结果不是那么好，但是在过程中让人学到特别多的东西，不仅仅是产品。你更容易理解到那个项目中，其实一个产品功能可能是很重要的，但可能市场营销以及一个本身能够给公司带来收益价值的产品会更为重要，商业价值更重要。”

## 52 重新出发，找回初心

在创业的路上，最悲哀的事情莫过于走得太远，却忘了当初为什么而出发。

韩森希望，盒子科技的团队是一个能够保持激情、保持活力的团队，盒子科技也能够成为不断自我革新的一家创业公司。

为了让整个团队保持活力，让盒子科技具有强大的竞争力，盒子科技的管理层从企业文化、价值观、组织结构以及未来的业务方向等方面进行了系统全面的梳理，希望能够找到当初创业时的初心，重新出发。

当然，重新出发靠的不是口号，而是变革的决心和实际行动。

要变革，当然是从重塑公司文化和组织变革着手。一直以来，盒子科技都希望借助外部成功经验来帮助盒子科技蜕变。过去的几年中，盒子科技曾多次邀请外部讲师对公司各层员工进行培训，其中不乏阿里、腾讯、华为等行业标杆企业的高管，对公司内部各级人员的管理认知提升起到一定的帮助作用。

2015年前后，韩森考虑过重塑盒子科技的企业文化，并启动了企业文化的咨询。当时，盒子科技聘请了一家阿里巴巴系的咨询公司帮助公司梳理职级、薪酬与企业文化方面的内容。不过，当时的盒子科技正处在高速发展中，所有人的目光和精力都集中在业务增长上，组织变革和文化建设上的投入有限，导致项目最终只做了一半，但盒子科技的企业文化在那个阶段得到了一定的完善，一些基本的管理理念初步落地。

企业的发展是业务不断增长的过程，也是组织持续变革的过程。

2020年4月16日，韩森辗转找到了陆涛，一个做过十年管理咨询、曾经在盒子科技短暂任职并与自己有过几次深度交谈的人。当时盒子科技急需一个HR负责人，而韩森约的这个人，是一个相对合适的人选。“务实、直面问题、敢说真话”——曾经与陆涛合作过的盒子科技高管这样评价他。

“有没有兴趣来公司接管人力资源部？”

“韩总，你找我，重点是想找个人力资源负责人，还是想解决问题？”

“肯定是要解决问题！”

“那你觉得最大的问题是什么？”

“人力资源关键模块的管理提升缓慢、管理有效性不足，严重制约了业务的发展。”

“导致这些问题的根源在哪里呢？”

“……”

“公司最大的问题，其实就在韩总你自己身上！”

“……”

“企业发展，是企业家与经营层不断突破自我认知的过程。”

“这段时间我自己也在反省自己，确实很多问题的源头在我身上，但我想改变，我希望公司的未来能够有一个好的管理体系来支撑。”

陆涛的一番话让韩森有点意外，韩森停顿并思考了一下后，没有否认也没有生气。他承认：盒子科技要想成为一家成功的企业，需要一套简单、实用、有效的管理体系来支撑，而这就是韩森决定接下来要努力去干的那件大事。

过去十年，盒子科技在业务层面一直用百米冲刺的速度向前冲刺。快速的发展掩盖了许多问题，但任何一家公司都不可能无限扩张，所以很多快速发展过程中忽视基础管理能力提升的创业公司，一旦遭遇增长瓶颈便很容易一蹶不振。

过去的成功不是未来成功的可靠保证。随着规模与体量的逐年增长，盒子科技已经成为行业里许多竞争对手紧盯的对象，而盒子科技自身的优势却在止步甚至倒退，特别是在渠道管理方面，激励、晋升等机制的不完善甚至缺失，导致大量人员离职。许多离职员工去了竞品公司，他们熟悉盒子科技的业务模式、内部管理、人员情况，制定的竞争策略针对性极强，导致盒子科技渠道体系在展业（盒伙人招募、商户拓展）过程中常常陷于被动。

同时，内部管理的僵化让盒子科技原来引以为傲的竞争策略、市场打法、渠道管理等失去了紧贴一线的快速、灵活、有效的特点。而且，公司内部管理并没有随着业务发展而积累较好的管理基础，反而因为管理逻辑不清晰、管理机制和管理手段缺失，出现了人才流失严重、组织活力缺失、业务增长速度下滑等问题。

问题越来越多，而大多数人仍躺在过去的经验上志得意满，鲜有人思考盒子科技当下面临的困境与挑战，也鲜有人有勇气站出来发出呐喊。韩森意识到，这才是公司面临的最大问题：甘于现状、陷于问题、止步不前，这样的公司是无法持续成长的。

改变人的认知是最困难的事情，改变公司高管团队的认知尤其需要时间与勇气，但管理层认知的不足又往往是组织发展面临的最大挑战，也是盒子科技必须要跨过去的一道难关。

显然，韩森认识到了这一点，他没有放任这些问题不管，而是开始着手解决。

“如果你想解决这些问题，最好的方式，是我不入职盒子科技，以顾问的身份来推动组织变革的项目。在公司我没有职位、没有利益、没有顾虑，有的只是对你和公司未来发展负责，位高权重的人我敢挑战、尖锐问题我敢直接指出、保障业务有效的缺席我敢建树推行，而你只需要把控我推动项目的方向和结果。以我对盒子科技的了解，如果我在局中，很多事情根本没机会推动。”陆涛给出了他的答案。

面对制约业务发展的管理问题，韩森想推动变革以带来一些改变的想法尤为迫切，恨不得能马上药到病除，但他也明白，组织变革非一日之功，理性的预期是用2~3年时间提升公司的组织活力和人才竞争力，进而支撑业务上的持续有效发展。为此，韩森也提出，希望组织变革项目未来2~3年里，在人力资源管理上着力提升人才管理的机制和效率。对于变革过程中的阻力，韩森也下定了决心：不换思想就换人。

陆涛和盒子科技的管理层制定了清晰的组织变革时间表，变革范围包括从战略与经营管理、人力资源管理（包括文化与价值观、人才梯队建设、绩效管理、激励机制等）到干部管理各个维度，并根据公司战略规划了变革的节奏，确保组织变革的全局性、系统性和可落地性，以支撑公司业务实现持续有效增长。

韩森给了陆涛三个组织变革的原则和方向：

第一，支撑战略落地。通过目标制定与分解等工作的有效性，实现战略目标落地路径清晰合理，各业务体系对公司战略的支撑与目标承接有效，强化战略落地。

第二，激发组织活力。通过提升干部管理有效性、完善专业人才队伍管理机制，实现业务有人才支撑，持续激发组织活力，实现人均产出不断提高。

第三，提高业务效能。基于价值原则，构建以客户为中心的流程、组织，提升各级干部承接业务目标、提升业务运作有效性的能力。

表12-1 盒子科技2021—2023年组织变革与能力建设规划

| 项目 | 2021年 | 2022年 | 2023年 |
| --- | --- | --- | --- |
| 经营管理 | 形成战略共识，明确战略落地的路径与策略 | 导入战略规划，强化战略解码与落地执行 | 建立有效的经营管理体系 |
| | 理顺经营管理逻辑，建立简单实用的经营管理模型 | 通过规划牵引业务目标制定与分解 | |
| | 完善经营分析管理，强化过程管控 | 持续完善经营管理 | |
| 企业文化 | 研讨共识文化价值观，建立干部与员工行为规范落地机制 | 强化文化价值观的落地机制建设 | 将企业文化/价值观关联到相关业务管理与干部/人才管理中，强化落地 |
| | 将文化落地与各模块管理手段相结合并推进实施 | 以文化牵引干部与人才管理 | |
| 流程与组织 | 推动公司流程显性化梳理，检视并优化组织架构 | 推动各产出流程持续优化，明确各关键角色的责权利 | 推动各产出流程持续优化，牵引支撑流程适配业务发展需要，确保业务运作效率 |
| | 完善公司组织管理，厘清职能定位与权责界面 | | |
| 干部管理 | 梳理干部定位，建立干部述职与考核机制 | 强化干部的经营责任与要求 | 建立战略牵引、业务驱动的人力资源管理基础，完善人力资源体系性运作逻辑 |
| | 干部能力现状盘点与赋能，建立干部梯队 | 完善干部选拔、考核、淘汰、激励等管理手段 | 持续运作并逐步优化提升，将各模块进行有机集成并联动 |
| | 完善干部管理流程，提升选拔、任命管理有效性 | 深化干部管理能力提升与干部梯队建设 | 关注组织活力、人均产出的提升 |

续表

| 项目 | 2021年 | 2022年 | 2023年 |
| --- | --- | --- | --- |
| 人力资源管理 | 明确人才管理导向与目标，优化人力资源流程、提升组织能力，建立业务导向的交付能力 | 基于业务发展需求梳理人才管理体系框架 | — |
| | 初步建立员工职业发展通道，与职级体系衔接 | 针对试点体系/关键角色建立人才选拔管理体系 | — |
| | 完善绩效管理与激励管理的有效性 | — | — |

除了组织变革和企业文化建设外，作为一家创业公司，盒子科技还希望在业务层面需求上有更多突破。为此，盒子科技确立了T-BCS的生态战略，希望以科技为基础，将好哒、笑谱等产品作为驱动，依托其线下网络销售渠道，形成自循环、自生长、自驱动以及自动分配的闭环体系。简而言之，这个生态的定位是为商户提供线上线下全景化服务，帮助商户实现经营活动的信息化升级。

盒子科技定下了未来5年的目标：力争到2025年实现销售收入超过 50 亿元，交易额达到30000 亿元，日交易笔数突破 5000 万，其中数字化服务收入超过20亿元，海外市场营收贡献超过10%。同时，在业务发展过程中，累计推动 300万人获得就业机会，服务企业级用户50万家，服务中小微商户1500 万家。

修身、齐家、治国、平天下。作为一家成功的创业公司，在完成自身发展和引领行业进步后，盒子科技将目光聚焦在了整个社会福利的提升。“心里始终装着小微商家，始终把提升服务体验、为小微群体创造价值放在第一位。”这已经成为盒子科技的DNA，未来盒子科技也将秉承这样的信念，为商业服务、为社会创造更多价值。

# 大盒伙人

CHAPTER 13

一切成功都归结于利他之心。

——稻盛和夫

## 53 T-BCS的生态闭环

赖特·米尔斯在《社会学的想象力》中提出，一个社会圈层中伴随着形形色色的实用性。这些实用性的整合，往往是社会个体难以预料的。

如果将社会学中的这一概念延伸到商业领域，就是商业生态所能带来的价值。当不同的商业角色开始慢慢融入生态后，由于生态赋能，生态中的每个个体都能获得融入生态前成倍的收益。

线下商户本质上是一个个的信息孤岛，每个商户面对的客户本质上存在某些相同的属性或标签，这些属性和标签有利于线下商户更好地获客，提升用户黏性，裂变出更多用户。如果将线下的每个信息孤岛中的数据连接起来，就可以在人和空间的关系中发挥数据的作用，既能放大数据的价值，也能够扩大线下商户的商业价值。

在未来，线下商业业态想要更好地运转，需要具备两个特性，第一是能够聚集人流量，第二是能够将人流量高效转化并实现复购。这在原则上与线上的流量和转化率概念是相通的，所以，线下和线上的思路基本一样，就是如何给线下商户寻找流量，并且找到更高效的流量转化方式。

从线下商户的流量结构上看，社区店和街边店都非常依赖线下的人流量，商场或商业综合体内的商铺也明显依赖场内人流，所以在20世纪才有李嘉诚提出的房地产第一黄金定律“地段、地段，还是地段”，因为地段能够保证基础的客流量。不过，随着互联网的发展，很多在写字楼或商用办公楼中的店铺都布局在大厦内部等隐蔽位置，通过线上引流，运用会员、积分等形式留住老客户，同样可以获得很好的客流量和转化率。

那么，能否通过线上的引流、转化，给一线城市地段优势不大，以及二线城市以下的商户带来更多转化呢？

盒子科技将原来的生态模式进行升级，运用技术（T）手段，融合服务商、商家以及个人消费者形成一个生态系统，这个生态系统自驱动、自成长、自动分配、自动服务。盒子科技对于自身的定位，首先是做平台，这个平台的基础是公司前期发展积累起来的中小微商户（B）、盒伙人（S）以及在商户端和新入口不断沉淀壮大，形成T-BCS模式。

“为了打造一个新的商业生态，我带着团队完全回归到了一线市场，经过对市场的分析后，我们就定义出来了盒子科技的3.0模式。”韩森说。不同于2.0盒伙人模式仅仅单一地改变了渠道模式，盒子科技的3.0模式，也就是T–BCS模式是将盒伙人、商户、消费者、盒子科技自身，通过技术凝聚成一个有机的整体。盒子科技之所以有信心做这件事，一方面是因为盒子科技经过多年的积累，技术研发能力在行业里已经具备了不小的优势；另一方面，在支付服务行业不断同质化的今天，想要形成竞争优势，就必须实行差异化竞争，这样不仅能够给盒伙人信心，也能够让整个行业变得更加健康理性。

韩森说：“盒子科技的3.0模式，是生态模式。在这个模式下，第一个要解决的问题是生态中的所有角色如何依靠多元化挣钱的问题。”1.0时代靠产品赚钱，2.0模式靠模式挣钱，模式使盒子科技领先了三年，这三年里盒子科技实现了爆发式的增长。3.0的生态模式依靠的正是T–BCS。

盒子科技的最大竞争力来自哪里？毫无疑问是那支深入三、四、五线，了解线下小微商家和消费者需求的盒伙人队伍。2019年，盒子科技进入3.0时代，在此之前它依次走过了以产品驱动的1.0时代和以服务驱动的2.0时代。盒子科技十年发展历程，本质上就是做对了三件事：第一是选对行业；第二是在关键的时间点对产品进行了积极大胆创新，把手机变成POS机；第三是商业模式的创新，推行盒伙人模式，即2.0模式。

韩森认为，盒子科技最初能够立足于行业，靠的是产品创新。通过手机POS刷卡器，盒子科技让全新的POS机产品在日常功能不变的情况下，成本降到了传统POS机的1/10，使得大量的小微商户享受到便捷的线下收款服务。

当优秀的产品需要通过渠道让更多的商户了解并使用的时候，盒子科技就开始了商业模式的创新，用盒伙人模式进行产品推广。盒子科技通过直接管理地推人员的方式，让地推人员在一线与商户在第一时间就可以建立亲密关系，通过地推人员加强与商户沟通、加深对商户经营活动的理解，逐渐积累服务商户的能力，盒子科技来到2.0时代。

“早年做单一产品时，感觉打造一个生态平台是一件遥不可及的事情。”韩森说。当盒子科技拥有越来越多的盒伙人（S端，盒子科技的服务商或地推人员）、商户（B端）和用户（C端）流量时，这一生态平台的雏形才有了具象。

基于与服务商和商户的亲密关系，盒子科技能更好地察觉商户日常经营痛点，捕捉经营场景中未被发掘的商机，促使盒子科技持续对自己的产品和服务推陈出新。盒子科技从POS机收单跨入聚合支付、给商户提供科技金融服务和软件服务，以帮助商家在获客、营销、管理等环节上提高效率。

强大的线下服务能力，除了让盒子科技建立起抵御竞争的护城河外，既能够让盒子科技成为中国银联、微信支付、支付宝等头部支付公司的服务商，也可以让盒子科技跟垂直行业的SaaS厂商合作，给商户提供更多领域的数字化支持。

新的经营方式也需要引导和接受的过程。盒子科技副总裁宋美荣说："在地推的过程中，我们发现无数的中小微商户，基本上没有信息化的服务，或者信息化服务非常低，他们很多时候不知道ERP或SaaS服务软件怎么使用。这个时候我们不仅提供产品，还会通过盒伙人协助他们运营好私域流量，增强用户黏性。同时，盒子科技还会针对盒伙人进行分类，通过训练营方式提升其服务水平。"在盒子科技的帮助下，已经有很多商户通过增加移动电子支付、数字化经营流程和C端用户取得线上联系，并由此沉淀了属于自己的流量。在这个已经初具规模的生态中，商户用最低的价格获得了数字化的升级，还多了一个交易平台，C端用户可享受足不出户的便捷购物。

盒伙人、商户和消费者之间的角色也是可以转换的。如果C端用户喜欢这个生态圈，可以申请加入成为服务商，服务商增多，意味着盒子科技可以去开拓更多的商户、积累更多的C端用户。

韩森认为："生态中的每个人都是伙伴，每个人都是价值的创造者，每个人也都应该是利益的分享者。"这个由盒子科技打造的生态与微信、支付宝等生态体系并不互斥。现在盒子科技已经有数十万的服务商、数百万的商家、上千万的消费者，瞄准的又是相对蓝海的三四线城市，这个生态正在以滚雪球的方式快速增长。

BCS构成大生态。B端是整个生态中的中小微商户，C端是盒子科技生态中的消费者，S端是盒子科技的服务端。在T-BCS这个大盒伙人体系中，B端、C端、S端每一方既是利益获得者和贡献者，又是利益的分享者。

在线下商户这一场景下，C端用户可以来实体门店买东西，经过一次不错的体验后，可以通过小程序进行复购。为了增加线下消费者的复购率，提升流量转化率，B端商户自然会向C端用户推荐小程序，这样一来，B端商户又变成了S端的盒伙人。而S端的盒伙人，本身就是天然的消费者，可以在S端和C端之间自由地切换。而通过S端的盒伙人，又会有更多的B端商户和C端消费者加入这个生态体系内，形成一个自驱性极强的商业生态。

在生态中，商户推广流量入口（现在是小程序，未来可以采用更多更丰富的形式）是基于自身利益考虑，消费者不但可以购买消费品，还可以成为盒伙人，从中获益；盒伙人更是在推广产品获得收益的同时，成为生态中的基础消费者。每个人都是从自身利益出发做事，但最终让整个生态良性循环。

对于商户而言，就是在生态中把公域流量导入商户的私域流量，帮助商户产生更多用户的连接，从而实现破圈。而与此同时，通过整合供应链，盒子科技能够给予商户更多高性价比的商品。商户要做的，就是将自身信息孤岛上的流量反哺给整个生态，形成流量的规模效应，从而实现自身利益的最大化。

“只要我们这个小闭环、小生态每年能够保持一定的速度前进，我就满足了。生态最终还是为了更好地服务商户。”韩森说。要想真正建成和发展壮大这一生态系统，盒子科技还需持续努力。盒子科技拥有互联网所缺乏的、庞大的线下服务能力，而且，盒子科技打造的生态圈将走农村包围城市的路线。

当然，所有的生态都需要一步一步的努力才能实现。2020年底，盒子科技上线了短视频直播带货平台笑谱推购，给予商品流量扶持曝光度。副总裁宋美荣表示，不同于目前大型电商平台主要依靠线上渠道进行销售，盒子科技的笑谱推购依赖的是最了解线下的小微商家和消费者需求。笑谱推购结合直播电商模式，不仅在自己的电商平台促进滞销农产品的销售，还帮助解决疫情期间农产品销售难的问题。2020年2月，笑谱推购携手上海建设银行，联合徐州蔬菜生产基地、深圳光明/惠州蔬菜基地（供港），共同推出不见面的菜篮子工程，解决疫情期间居民买菜难、吃菜难等问题，扶贫助农、与广大人民一起并肩抗疫。

笑谱的推手也是盒子科技的盒伙人，每个推手都没有大的盒伙人团队，而是一个共享的商业团队，但这些人都被盒子科技定义为全新的大盒伙人概念。每个人都是更广泛意义上的盒伙人，在分享盒子科技产品的同时能够谋求利益最大化。大盒伙人，就是让原本意义上的盒伙人能够在生态中获得更多角色和收益，也让生态中不同角色的人都能成为全新的盒伙人。这种在深度和宽度上重新定义盒伙人的做法，让整个T-BCS生态变得更加具有活力。

对于盒子科技而言，很多事情不能停留在纸面上，而是要落到实处。“公司要向上发展，我们的服务就要向下落地。”韩森说。盒子科技未来的主要任务，就是服务下沉，让整个生态具有可以生存的土壤。

## 54 向上造、向下沉

2020年10月24日，盒子科技在深圳召开了自己每年最重要的两场会议之一——新产品发布会。盒子科技将未来的发展重心归纳为六个字——向上造、向下沉，即公司向上繁衍，寻找全新的蓝海，实现更好的发展；而在未来，盒子科技的业务重心则更多地向下沉，这个下沉并非简单向三线及以下城市下沉，而是全方位下沉，让用户的颗粒度更小，服务的行业和用户更加精准。

向上造的力量支持盒子科技不断创新向上，从单一支付服务产品到商户SaaS服务，进而发展成为T-BCS线下商业服务新生态。因此，向上造的力量也被解构成为进化的四个不同维度，从科技、商业、用户、生态出发共同形成盒子科技打造最大线下商业交互新力量的动力源泉。

在韩森看来，盒子科技向上进化的核心在于差异化发展，只有推动差异化发展，才能适应环境的变化及竞争带来的压力。无论是4G版语音王Y506和4G版扫码通M820的全面升级，还是直播硬件设备卡多希、好哒营销工具、笑谱功能、盒伙推等产品发布和服务升级，目的都是全方位解决线下商家数字化升级、社会就业等具体问题，将向上的态度体现得淋漓尽致。

“进化的核心是为了更好的生存没错，但是绝对不是不择手段。”在谈及进化的方向时，韩森作为盒子科技的创始人，态度十分坚定。他认为，盒子科技在成长过程中，始终将盒伙人放在第一位，并贯彻在整个商业逻辑中。盒伙关系就是从价值的创造到利益的分享。

业务层面的全方位下沉，非常考验团队的耐性和韧性，因为要不断地细化服务，开拓更加细分的市场。韩森表示，向下沉，扎根市场创造价值是正确的道路，但是需要向上造的力量予以同行的伙伴幸福感，需要坚守盒伙人的生命线，踏踏实实将T-BCS落地生根，成长为蓬勃向上的商业新力量。

对于下沉市场，除了单纯地以城市和地域划分，还应该以企业的规模和所处的行业划分，这样才是精细化、全方位的下沉。根据工信部数据，到2018年底，我国中小企业的数量已经超过了3000万家，这些用户应该是盒子科技未来服务的主要对象。未来十年，盒子科技立志于赋能中小商户，服务下沉市场。

2019年，我国有超过100万家企业倒闭，其中超过90%是中小型企业。大多数中小型企业的生命周期只有3年，能超过5年的不到7%。中小型企业应该如何生存下去，打破平均寿命3年的魔咒？答案就在于数字化赋能和生态化流量的扶持。事实上，制约中小微商户发展的最重要因素就在于，企业的数字化能力不足，导致其非但没有获得数字化和信息化带来的发展红利，还让自己与整个时代脱节。

随着人工智能、云计算、大数据等技术逐渐深入各行各业的应用场景，数字化管理能力已经成为决定中小微商户生存力和企业发展竞争力的关键因素。可以肯定的是，谁能更早地利用这些新技术完成数字化转型，提升整体管理效率，谁就能获得更大的竞争优势。普华永道数据显示，2020年，德国制造业每年将在工业4.0上投入400亿欧元。届时，80%的制造业企业将实现价值链数字化。

盒子科技希望通过自身的数字化赋能不断缓解中小微商户的经营压力，使其突破平均生命周期3~5年的发展瓶颈，甚至在这3000万家中小微企业中，诞生出更多的细分行业巨头。

韩森说："盒子科技的使命就是聚焦商户关注的经营压力和挑战，提供有竞争力的数字化服务解决方案，为商户创造最大价值。"为了更好地服务商户，盒子科技需要进行网格化下沉，即大密度大强度地把服务和培训落地。然后是整个渠道的进一步下沉：既要做盒伙人的培训，也要做商家的数字化转型培训，全部网格化落地到每一个城市。

为了服务T-BCS生态，盒子科技将盒伙人制度逐渐进化为合伙推，从盒子科技的盒伙人生态向盒伙人自己的盒伙人生态进化。"以前的盒子科技是一个平台，我们的盒伙人是将这个平台的一些产品去推广，但是我们未来的计划是每一个盒伙人他自己都可以形成一个生态，它可以提供资源给我们的公司。我们有很多盒伙人是资源型盒伙人，有一些行业资源，可以丰富生态中的业务形态。他们可以通过自己的努力建成自己的小生态圈。最终，每一个小生态圈又形成了我们整个盒子科技的大生态圈。"盒伙推业务线的徐灵燕说。为什么盒子科技要强调大盒伙人理念？就是因为，在这样的生态体系之下，所有人在盒子科技都可以成为盒伙人。

"每一个生态体系中的盒伙人，都可以用自己的产品、服务、人脉等，形成一个招商的资源引入盒子科技。尽管这样的进化是基于盒伙人这个主线形成的，但整个生态平台会逐渐变成一个更加包容的、更加有拓展力和生命力的生态系统。"徐灵燕说，"所以盒子科技在2021年的目标就是致力于打造一个成熟的线下商业服务体系。”

2020年，盒子科技发布的全新好哒系列产品在交易速度、营销工具、直播功能等方面都做了大幅度改善，能够满足更多行业场景，为商户提供线上线下一体化的数字化零售解决方案。好哒也正式从原先的聚合支付平台升级为为商户提供线上线下一体化数字零售解决方案的整合平台。

开放、共赢是未来商业发展的主旋律，而智慧化、智能化和数字化则是未来商业发展的主要方向。盒子科技希望，通过聚焦商户关注的经营压力和挑战，为中小微商户提供有竞争力的数字化服务解决方案，实现全社会商业体系的智慧化转变。运用数字化赋能商户，战胜商户所面临的挑战，缓解商户面临的经营压力，让商户可以更好地抓住当下的发展机遇。当每个商户都实现了数字化转型，也就实现了在自身发展的同时，更好地服务其他商户，实现整体效率的提升。

通过“向上造、向下沉”的努力，盒子科技希望加快各领域商户的数字化转型，提高效率降低成本，将商户间的协同共赢迭代成为一个全新的、互联互通的数字化商业服务开放生态，从而实现全社会整体效率的提升。

# 55 网格化的力量

打造线下商业服务新生态，为商户提供数字化赋能服务，必然会对盒子科技的服务以及运营颗粒度提出新的要求。随着大数据和技术的不断成熟，盒子科技需要强化自己的服务精度，从千人一面到千人千面，再到一人千面。也只有这样的精细化数据处理和运营，才能洞察消费者的需求，实现商户需求和消费者的需求在生态内快速匹配。

另外，如何将线上线下的供应链体系打通？如何让商户和消费者之间从单次销售关系转换为真正有黏性的互动关系？如何利用公域流量给商户的私域流量导流？如何将商户的私域流量集纳到公域流量中来？如何运用建立会员体系、裂变、直播等手段，提升门店坪效？这些都是盒子科技在打造生态中需要考虑和解决的。

对于盒子科技而言，解决了这些问题，不但能够让整个生态迅速成形，还能够将自身的业务边界拓展到很宽的维度。当线下流量足够强大的时候，很多线上品牌也希望通过这样一个生态，进一步在线下发力。当用户逐渐习惯在移动终端支付时，线下的生态就有了流量入口。

同时，商户的线下营销能够从品牌营销直接转化为效果营销，直接引导C端消费者的行为。比如针对商户周边一定地理范围内的用户进行个性化推送，将商户的打折促销信息推送给相应的消费者，进而引导消费者进入门店。然后，利用会员、积分等体系，制造用户黏性，形成复购。即便在陌生地方，也可以通过个性化需求push，让C端用户和B端商户尽快形成连接。

尽管盒子科技认为自己的T-BCS商业生态体系还处在起步阶段，但盒子科技团队对线下商户的整体数字化改造升级所带来的变化，恐怕已经超出了很多人的认知。通过现有的数百万盒伙人，盒子科技服务了全国超过1000万的中小微企业和商家。

能够迅速在众多城市的众多细分行业里取得巨大的成功，得益于盒子科技对于商户和盒伙人的网格化思路。所谓的网格化，一个是指城市的网格化，另一个则是指行业的网格化。

城市的网格化是继续增大网格密度，将盒子科技的渠道从原来的省市级别，逐步下沉到县、乡甚至是村一级别，这样就能够将整个生态的触角延伸到更多地方。行业的网格化则是根据不同行业的特点，提供差异化的服务，将生态服务的颗粒度不断缩小，最终实现一人千面的服务。

这样一张下沉的网格化服务生态网一旦形成，就意味着盒子科技有了自己最独特的竞争力。这种线下商业生态，也只有通过大盒伙人这样的分享模式才能更好地完成。

“现在盒子科技还是以支付盒伙人为主，我希望能够通过盒伙推带动盒伙人的多元化。”宋美荣说，“这样的话才会慢慢形成真正的平台效应。”

在商户服务层面，网格化可以让盒子科技更好地为商户服务，通过小程序、APP、盒伙推等形式，提升商户反馈的时效性和及时性。比如，通过盒伙推的方式，商户可以直接联系到自己的盒伙人，可以直接联系公司的客服，也可以直接联系本地化的渠道或者是本地化的服务机构。盒子科技7×24小时地满足商户的需求，将线上和线下的服务能力整合起来。

一直以来，线下商户最大的问题就在于到店消费即走的消费者难以被追踪，商家想了解周围地理半径内消费者的消费习惯非常困难。同时，由于缺乏大数据整合，难以搭建起私域流量，基于消费者画像做更多个性化的操作就更无从谈起。

盒子科技希望，通过对商户的数字化的升级改造，让数字工具的应用变得越来越简单，充分弥补线下商户在流量获取和流量转化层面的劣势。随着整体零售业的数字化升级的展开，利用支付、SaaS系统，以及互联网的方式改造线下商业，让盒子科技获得了打造生态的机会，解决商家数字经营难题已经成了盒子科技当下最重要的增量空间。

通过T-BCS的生态土壤，C端消费者可以实现线上下单、线下提货，提高了自己消费的便利性；B端商户既利用了线下商业的服务半径优势，又通过线上社区提升了信息传递的效率，充分发挥出线下的价值。随着公域流量池和私域流量池生态的完善，B端商家的服务半径、服务水平和服务周期都可以得到更大的拓展和改进，在现有条件下可以服务更多用户，也能让每个用户的个性化消费得到满足。

未来，随着盒子科技自身技术的成熟，以及更多合作方的纳入，结合各类IoT工具，T-BCS生态内的商户能够得到更加丰富的、更多维度的用户和商品信息。2020年10月，盒子科技宣布与腾讯地图达成战略合作，双方在未来将实现大数据共享，共同打造开放的新零售生态圈，为品牌、商家以及消费者提供更加优质的服务。此次战略合作，将推动盒子科技基于地理位置数据和线下真实门店交易数据的联合解决方案。在未来，盒子科技将通过多维度立体数据分析，更深入地帮助商家和品牌客户触达、培养消费用户。

随着T-BCS生态的日趋成熟，盒子科技逐渐“聚焦商户关注的经营压力和挑战，提供有竞争力的数字化服务解决方案，为商户创造最大价值”。

## 56 线下商户服务

当线上流量红利消耗殆尽的时候，创业公司的线下商户的拓展能力就成了未来发展的关键。

同时，由于大城市商户贡献的交易流水与笔数更多，而布局下沉市场的模式较重、人力成本较高，只有较少数聚合服务商具备在全国范围均衡开展业务的能力。支付服务商的业务重心主要在一二线城市。

然而，盒子科技的渠道模式具有很大优势，可以一开始就向三四线城市渗透，同时能够布局更多的行业。随着三四线城市的移动支付习惯日渐养成，盒子科技的生态布局具有了良好的发展基础。随着网格化的推进，会有越来越多的经营规模小、店铺面积小或无固定店铺的中小微商户开始享受到聚合支付以及支付背后的SaaS服务和生态服务，从而转化为盒子科技生态中的一分子。而盒子科技也可以以支付服务为切入点，不断挖掘商圈商户的潜力，为自己的线下商业服务打下基础。

2019年，我国支持移动支付的商户总数量在5000万家左右，聚合支付覆盖的商户数量为2307万家，商户渗透率达到46.1%。线下扫码支付方式的普及，一方面得益于支付宝、微信支付等头部支付企业对用户扫码支付习惯的大力培养，另一方面离不开盒子科技这样的综合服务商对于线下商户的快速覆盖。我国聚合支付覆盖的商户数量从2016年的121.3万家增长到2019年的2307万家，3年时间增长超过了18倍，而这3年，也正是盒子科技快速发展的阶段。

当超市、便利店、百货商店，甚至村口的夫妻店这些形形色色的不同业态进入盒子科技的生态后，就会与原来盒伙人体系发生意想不到的化学反应。每一个小的生态就像一幅幅画卷，而每幅画卷又都不尽相同，这一幅幅画卷放在一起，就成了一幅“清明上河图”。

一个可以确定的事情是，盒子科技生态体系中的盒伙人和中小微商户是整个生态中源源不断的流量来源，让盒子科技为自己的下一幅商业画卷准备好了最丰富的颜料，利用好它，就可以画出更多细腻的新图画。

“所有的前提是在做好支付服务产品的基础上来完成的。”盒子科技团队的所有人都承认，支付服务是整个生态推进的关键点，只有将支付服务做好，才能有更多的想象空间和可能性。

在几个重点行业，比如餐饮，就应该从支付服务入手，依托交易数据，运用SaaS服务来连接前、中、后台。在帮助餐饮商户完成数字化转型的过程中，盒子科技还为餐饮商户提供便捷的收银解决方案，为餐饮商户提供包含线上外卖、线下自助点餐、后厨管理等一整套的解决方案。

对于零售商户，盒子科技通过助力商户“智慧门店”升级，提升商户坪效。同时，盒子科技的盒伙人团队还能够成为门店背后品牌方的全新线下渠道，增加品牌方在门店之外的渠道收益。盒子科技的核心优势在于能够运用生态来集合上游其他供应商服务，为零售场景提供整体的数字化转型方案。

对于大健康类的商户，盒子科技能够运用SaaS系统、ERP系统等，实现患者就医全流程线上化转型，提高患者的医疗体验。

通过软件系统优化，盒子科技还能够为医疗机构提供定制化的平台管理服务，如查账对账、日常交易管理与分析等，提供整体医疗运营方面的解决方案。

通过卡多希等硬件设备以及笑谱推购等线上平台，盒子科技还能够为商户提供线上直播推广的服务，实现线上线下一体化、全流程的服务。

韩森坚定地认为："如果说盒子科技过去是始于支付服务的话，最后一定不能'止步于'支付服务。"

为了更好地拓展业务类型，实现线下服务，盒子科技从四个方面进行了业务的划分和调整。第一，盒伙推业务的多元化，将支付产品从之前的唯一产品变为盒伙推中的一项重要产品；第二，建设大金融生态体系，通过与更多金融机构的合作，为商户提供贷款、分期等系列服务；第三，提供商企服务，为商户提供包括ERP、SaaS、直播的硬件和软件的解决方案在内的一系列服务；第四，为商户提供增值类的服务，包括本地生活的引流和私域流量的建设等。

盒子科技希望，通过这几个方面的努力，能够产生一个最初级的商业生态，生态内的每个角色能够相互地产生作用力，进而进化成为一个成熟的生态。

与互联网巨头不同，盒子科技的生态打造方式，是从线下商户的需求入手，基于软件、数据、技术、人工智能等，完成商户的数字化，与互联网公司自线上向线下延伸的方式在逻辑上有着本质的区别。

首先，线上互联网公司的打法是通过单品类大宗爆款寻求单点爆破，力求流量投入最大化。但商户或小店需要全品类的产品，这两者并不完全适配。一个商户的店面不可能仅仅依靠一两款爆款来获得收入，而是需要在收款、账期、品类等层面获得帮助和扶持。在这一点上，一直布局线下的盒子科技具有天然优势。

盒子科技以非常经济的价格为商户提供服务，换来的是商户的店面展示空间，通过充电宝等附加服务与商户分账，以及通过生态流量广告费用来获得收益。

其次，盒子科技的生态集纳的都是线下商户。这些商户本身就是供应链上的企业。通过整合这些企业，每个商户都能够从生态中用更低的成本收获用户和更加优质的供应链产品。在平台上，由于与支付挂钩，供应链都会根据商户扫码统计库存消耗情况，然后推荐更合适的产品及数量，并为商户提供账期服务，缓解商户的资金压力。

最后，盒子科技打造的生态流量都是基于线下的，更加符合商户自身的需求。宋美荣说，盒伙推电商化，其实是商户的数据化，目的是帮助商户在获得流量的同时，扩大服务半径。通过盒伙人调研商户的具体需求，再从线下门店的角度来考虑如何解决商户的问题，这才是盒子科技的最终目的。

# 盒子科技的第二曲线

CHAPTER 14

如果你过度相信和依恋导致你成功的逻辑，那么成功的逻辑必然会把你带向失败或平庸。

——查尔斯·汉迪

## 57 好哒，打造线下智慧经营系统

任何一款创新性的产品或一项颠覆性的服务，都是有其生命周期的。顺应这个周期，企业就能够获得最大限度的增长。然而，产品或服务不会无限发展下去，总会经历创新期、成长期、成熟期，最终到衰败期的生命周期。这样的一整条发展轨迹，通常被称为企业发展的“第一曲线”。

薛定谔在《生命是什么》中也说过，“人活着就是在对抗熵增定律，生命以负熵为生”。“熵增定律”揭示了生命和非生命的演化规律，而生命里又包含着个人和群体的演化规律。因此，任何一个系统或公司，在没有外力打破的时候，通常都会因为发展而逐渐走向封闭或内卷，逐渐趋于混乱和无序。

因此，为了避免衰败，在企业高峰到来之前，除了引入外力打破内部封闭，通过组织架构调整和企业文化来对抗熵增定律外，企业还应该开辟一条新的业务发展道路，这条道路发展的轨迹被称为“第二曲线”。

英特尔前CEO格鲁夫曾经提出“战略拐点”的概念，“每一个战略拐点都会出现十倍速的变化，而每一个十倍速的变化都会导致战略拐点；所谓十倍速，不是整个行业、整个企业、整个产品十倍速变化，而是影响企业的某一个因素，短时间内发生十倍速变化”。

因此，通常第二曲线都会源自第一曲线中的某个重要的点，然后放大成为全新的产品曲线。所以我们看到，支付宝是源自淘宝的支付工具放大后形成的第二曲线；微信是脱胎于QQ，放大了聊天对话功能后形成的全新产品；抖音是在今日头条的算法推荐基础上，放大了短视频的单点而成。

对于盒子科技而言，盒伙人以及进化后的盒伙推，是第一曲线，针对的就是具有移动支付需求的线下商户，渠道则是通过盒伙人来推广支付产品。

随着商户数字化步伐的加快，单纯的支付服务已经无法满足盒子科技的发展需求。这时，脱胎于支付的好哒项目就成了未来新的增长引擎。好哒业务负责人胡进认为，好哒的核心战略就是以用户（商户、C端）资产、数字化资产为核心，以高效数字化的供应链整合管理为基础，以数字化通路和全域流量的运营为根基，整合产业链、供应链、上游品牌商以及商户全运营的过程，形成一个强有力的控制循环。

“我特别看重盒伙推，因为盒伙推没有了，其他的业务发展就会受到巨大的影响，而且盒伙推也是公司的现金流。”韩森说。在保证盒伙推业务稳定发展前提下，盒子科技的第一曲线业务依然采取积极的进攻策略，多元化、网格化的下沉其实也都是在进攻，而非防守。

另外，在保证盒伙推业务发展的前提下，好哒等业务条线就可以谋求新的发展。从支付到SaaS，再从线上线下一体化到直播，都会成为盒子科技的增长曲线。

“支付服务本身是可以持续挣钱的，但是使用了盒子科技的支付服务系统后，商户就与盒子科技的其他商户成了一个共生体系，就存在了潜在的商机，即商户不但使用盒子科技的支付以及线下服务，也可以使用线上的效果服务，这样一来，SaaS的服务费、广告费都会成为全新的收入来源。”胡进说。

一旦广告费成了新的收入，那么面对C端用户的商户和生态内用户的流量广告的推广展示平台——笑谱，就可以成为盒子科技新的第三增长曲线。当然，更远的增长曲线，会是卡多希这样的更大范围的硬件入口。

韩森的设想正在一步步实现，好哒作为为商户提供服务的平台，已经作为盒子科技的第二增长曲线开始“浮出水面”。面对S端的盒伙推，面对B端商户的好哒，面对C端用户的笑谱，正在扮演着各自在商业生态以及发展战略中的角色。

在韩森看来，现在的移动互联网公司可以分为四类：第一类是纯线上交付的公司，比如游戏、社交背后的腾讯，资讯娱乐类的今日头条等，采取的是纯线上收款线上交付的模式；第二类是电商公司，线上支付线下交付，需要通过物流把东西传递给消费者；第三类是生活类服务公司，线下支付线下交付；盒子科技希望成为第四类，即整合线上资源为线下服务。

“下沉，不单单是把自己的地盘看好，更看重的是它未来2~3年或3~5年，在未来整个大商业生态提升的过程中的价值。”韩森说，“这样一来，盒子科技就不是别人的竞争对手，而是别人的很好的一个合作伙伴，可以通过自己的盒伙推渠道帮助互联网公司实现线下商业的下沉。”

盒子科技实现整个战略的抓手，就是通过好哒这款产品来实现商户的聚合。在未来，移动支付服务是通过现金流的聚合来做信息流的生意。从表面上看，支付只是消费者与商家“一手交钱，一手交货”的简单商业行为，但随着移动互联网的发展，支付已经涉及了发卡机构、支付机构、清算机构等渠道。好哒的存在，就是为了简化商户收款程序，提升商家的运营效率。

在积累了大量的数据后，好哒能够让盒子科技从单纯的中介变成包含核心商业数据的SaaS平台。而大量累积的数据还能够用于其他方面，如订单管理、雇员管理、营销推广平台等。

2020年10月24日，盒子科技正式宣布好哒从聚合支付平台升级为为商户提供线上线下一体化数字零售解决方案的整合平台。

在盒子科技的规划中，此次整体经营数字解决方案平台，涵盖三大板块：好哒云小店，帮助商家拓展线上渠道；好哒收银系统，帮助线上商家高效收银；好哒经营管理系统。疫情之后，企业数字化的步伐大大加快。盒子科技希望能够帮助商家在巨大的数字化浪潮中快速落地。

疫情改变了人们的消费习惯、消费路径。疫情之后，线上的订单越来越多。随着生态的不断完善，好哒的服务将会覆盖更多的经营业态和经营场景。

为了完善整个生态，好哒与国内顶级SaaS服务商金蝶、海鼎均已达成合作，为商户赋能，提供各种各样的商户经营管理解决方案。腾讯地图还宣布将与盒子科技在未来实现大数据共享，打造开放的智慧零售生态圈，为品牌、商家以及消费者提供更加优质的服务。

中国有8000万家处于毛细血管末端的中小微商户，这是一个非常巨大的市场。未来，好哒还将通过多维度立体数据分析，深入地帮助商家和品牌客户，触达、培养消费用户，打通线上线下场景，推动从大型品牌客户到中小商户的全面智能化、数字化转型。

随着好哒的不断发展，其竞争优势也日趋明显。

2013年以来，好哒商户数以每年30%左右的增幅递增，目前已经有73万家商户完成了数字化转型，实现了效率和收入的提升。

“好哒数字化商业生态服务战略，首先聚焦于智慧零售和智慧餐饮两个行业主赛道。”胡进认为。好哒的第一步是致力于为中大型品牌商、中小微零售和餐饮商户提供服务。目前，好哒在四川省、江苏省、广东省、河南省、广西壮族自治区、湖北省、山东省、陕西省、贵州省、浙江省10大重点省区拓展商户，为商户提供基于聚合支付、线上销售拓展（云小店、本地生活等）、线下数字ERP收银、商家门店直播、精准营销和供应链数字化产需精准对接六位一体的数字化商业生态服务。助力商户进行数字化转型，为商户持续创造价值，实现共生共赢的商业生态。

未来，数字经济时代会加速来临，盒子科技也希望通过自己的努力，在帮助商户提升整体效率的同时，肩负起更大的社会责任。在好哒的规划中，核心思路是以用户（商户C端）数字化资产为核心，以高效数字化的供应链整合管理为基础，以数字化通路和全域流量的运营为根基，整合产业链、供应链、上游品牌商以及商户全运营的过程，形成一个强有力的数字化商业生态循环。助力商户数字化转型，降本增效，为商户持续创造价值。

现在，好哒的商业模式已经成形，给盒子科技的发展带来了巨大的动力。

# 58 数字经济时代的探索

20年前，如果需要乘飞机出行，我们必须在民航网点订票，然后到机场在值机柜台前将纸质机票出示给服务人员。地面服务人员会告知我们即将搭乘的航班，并且登记我们的行李。这些都是由人工完成的。但现在，我们只需要手机订票、出票，然后提前用手机值机，现场自助打印登机牌，登机手续就办好了。

10年前，我们讨论最多的是：仅仅依靠互联网宅在家里，我们能坚持一个月吗？但现在，大家讨论的却是如何回归线下。

5年前，还只能现金支付，但现在，我们只需要在便利店、超市、餐厅、商场里拿出手机便可进行支付。每个人出门只要带一部手机就能解决生活中遇到的几乎所有问题。移动支付被戏称为我国的“新四大发明”之一。2019年，中国移动支付渗透率高达81%，领跑全球。移动支付的诞生，得益于智能手机、移动互联网基础条件的成熟，以及产业链上账户机构、清算组织、收单机构和支付机构四大关键环节的准备就绪。

相比于发达经济体美国，在移动支付正式诞生之前，中国缺乏成熟的无现金支付体系。随着互联网巨头彼此间不断进行高额补贴，争夺O2O/OMO市场，移动支付行业开始成熟。移动支付的出现，大幅提升了消费者的支付效率，让“出门不带钱包”成了现实。

可以说，移动支付的成熟成了中国数字经济时代来临的标志。2018年，美国以10.8万亿元的产业数字化规模优势远远领先于全球其余国家，而中国的产业数字化规模为3.76亿元，仅次于美国，居全球第二位。IDC预测，预计到2023年，全球市场数字驱动的GDP占比将超过50%。

2020年，受到疫情的影响，越来越多的消费者开始转向在线办公和购物。线下商户的传统经营模式难以开展，迫使其实现服务供给端的线上化，由此催生了对应的数字化经营需求。对于品牌方而言，直播带货成了全新的风口。

然而，在数字化不断升级的今天，大企业和大品牌方并不缺少数字化的变革能力和流量获取的渠道，但中小微商户缺乏数字化升级的能力。根据国家市场监督管理总局统计，截至2019年底，我国实有市场主体的数量达到了1.23亿户，相较2018年增长12%；而我国个体工商户在2019年底的数量更是达到了8261万户，占到了整个实有市场主体的67%。

大量缺乏数字化经营意识和能力的中小微商户，成为中国整体数字经济发展的最大障碍。他们缺少引流的能力，也缺少承担数字化转型的成本，但正是这个类型的企业，才是盒子科技布局商户服务市场的最佳入口。

5年前，支付是整个交易环节的最后一环，但随着智能化和大数据的发展，支付服务成了商户与消费者下一次交易的开始。移动支付服务打破了线上与线下的界限，实现了更多维度、更广覆盖的行为数据积累，改变了商户认知消费者的视角与商户自身的运营方式。

盒子科技发现了这个机会，并希望通过数据化和智能化为线下中小微商户提供整体的优化支持。从支付服务革新到场景赋能，支付服务与零售的深度结合不仅满足了商户与消费者两端的需求，同时也在创造着新的场景。

除了中小微商户的数字化升级改造外，金融、科技普惠也是数字经济时代的重要目标。而盒子科技的下沉战略中最重要的一项，就是通过大盒伙人将支付业务向三四线城市乃至更为偏远的农村乡县渗透。

对于盒子科技而言，这样做既可以挖掘下沉市场的机遇，也能够承担起普惠金融的使命。随着农村智能硬件的普及与政策对农村金融改革的不断倾斜，盒子科技可以逐渐克服基础设施等客观条件的制约，向农村地区输送有效的金融服务。

盒子科技希望，未来能够将服务商户的颗粒度继续缩小，从中小微商户延展到农村的夫妻店、个体户身上，实现全社会的数字化跃迁。以盒伙推、好哒、笑谱为切入点，将自身业务线从支付服务逐渐扩展到将集会员管理、广告营销、SaaS服务为一体的智能硬件和零售门店与支付机构背后的强大生态连接在一起，通过场景改造与服务创新，为零售商户的智慧经营提供更大的发展空间。

开放、共赢是未来商业发展的主旋律，而智慧化、智能化和数字化则是未来发展的主要方向。盒子科技希望，通过聚焦商户关注的经营压力和挑战，为中小微商户提供有竞争力的数字化服务解决方案，实现全社会商业体系的智慧化转变。通过数字化赋能商户，战胜商户所面临的挑战，缓解商户面临的经营压力，让商户可以更好地抓住当下的发展机遇。

除了通过自身业务赋能商户持续下沉外，盒子科技还在探索数字经济时代的更多可能性。

2020年10月8日，深圳市政务服务数据管理局公布，“2020礼享罗湖”系列促消费活动预约开启，此次活动面向在深个人发放1000万元数字人民币红包，每个红包金额为200元，红包数量共计5万个。

深圳已经开启了数字货币的创新尝试，作为立足深圳的以支付服务为主营业务的创业公司，盒子科技也做好了相应的技术储备。

“盒子科技是围绕着支付服务为主营业务发展的，天然需要和货币打交道。数字货币发展的大趋势对于盒子科技来说既是机遇也是挑战。”作为懂支付的技术派，胡德坤认为，首先从科技层面上，盒子科技从刷卡到POS机再到现在的移动支付、聚合支付，一直在不断创新，而数字货币考验的恰好就是创新能力。敏锐的行业洞察力和创新力是盒子科技能够快速适应市场变化的强有力的保障和优势。

在技术层面上，区块链技术始终在储备，作为CTO的吴松甚至组建了一个区块链的研发小组，观察并研究技术的演变、发展和未来可能的趋势。而在区块链技术之外，盒子科技也围绕着支付始终在做技术的积累和创新。

数字货币以及数字货币背后的数字经济时代，是盒子科技的机遇更是挑战，但勇敢的开拓能力和持续的创新能力会支撑着盒子科技的团队走得更远。

## 59 未来：科技赋能，生态为王

支付服务这件事，究竟有多重要？

从2020年下半年互联网公司的动作中可以得到答案：非常重要。微信、支付宝之外的互联网公司，做支付自营，似乎已成一种惯例，美团、滴滴、携程、抖音、快手等，在日活和交易量抵达一定量级后，都希望摆脱微信和支付宝的控制，通过支付沉淀数据，涉足金融增值服务。面对庞大的流量，AT之外的互联网公司同样希望找到流量变现的方式，并进一步使自己的商业生态形成闭环。而在这个闭环中，通过支付实现金融服务是最为可行的模式。

从支付服务起家的盒子科技，则希望与互联网公司走出不一样的发展路径。从2016年到2019年，线上电商支付的交易规模从9654亿元增加到19820.9亿元，增长了105.3%，而同时期线下扫码支付的交易规模从830亿元增加到73805.3亿元，增长了8792.2%。始终布局在线下的盒子科技，也凭借着行业的快速发展而迅速起飞。也是从2016年开始，线上线下融合的OMO模式开始被业界认可。同时，“新零售”概念首次被提出。

移动支付的背后，是互联网、大数据与支付的结合，移动支付也逐渐成为一个全新的产业。此时，支付产业链条中资金流与信息流、数据流开始打通，而支付业务本身自带资金流与信息流。支付服务已经从交易的终点变成了支付服务产业的起点。支付行为背后，是大数据、流量等SaaS业务为商户赋能的开始。

作为创新能力很强的支付服务公司，盒子科技布局SaaS业务的竞争优势逐渐凸显。通过软件系统沉淀下大量的商户和数据，再充分利用大数据、云计算等技术手段，结合成熟的 SaaS 软件，为商户提供多元化营销、会员管理、商品管理、财务管理、供应链管理、融资等增值服务。

这样的做法，不但能够实现商户经营管理的云端化和智能化，也能够加强盒子科技与商户的合作赋能关系，真正实现全场景、全支付、全服务，实现“全维度为中小微企业的经营赋能”。有预测数据显示，2020—2023年，中国SaaS 市场规模 CAGR（复合年均增长率）有望达到34.4%，SaaS市场规模仍将有巨大发展潜力。这正是盒子科技的发展新契机，也是生态打造的新机遇。

盒子科技通过笑谱业务线建立起一个本地生活的生态平台，使商户可以通过小程序留住自己的用户，并形成用户黏性和重复转化。

“直播带货从线上到线下，对运营能力提出新要求。”《中国商业地产行业2020/2021年度发展报告》认为，线下商户的直播带货时代正在到来。但它与网红直播带货具有不同的逻辑，购物中心开展的“在线视频直播”亦呈现出不同的特点。商场自己培养主播者有之；商场统筹、店员参与直播者有之。业内人士预言，未来每家线下实体商业企业都应拥有自己的直播间。

2020年，各大实体商业企业全员上阵，有的商场在全国连锁门店内搭建直播间。首创奥莱12城商场总经理变身带货主播，4小时涨粉数万，带货数千件；印力集团董事长丁力业率公司高管下场直播“在线摆摊”；红星美凯龙董事长车建新联手演艺明星高圆圆直播首秀。

为了更好地服务B端商户的门店直播，2020年10月24日，盒子科技推出了直播智能硬件神器“卡多希·战疫者”，提供了直播高效经营解决方案。未来，盒子科技将作为一个平台，用创新的产品帮助更多人创造价值，将更多利益分享、回馈给社会，这就是盒子科技T-BCS线下商业服务生态的目标。

“过去的十年、二十年，我们的收银机没有改变过，从2021年开始，门店收银系统和收银设备都要发生变化，你们有没有发现很多商家开始在门店做直播？这就实现了线上与线下的打通，店里有人的时候，我们去服务客人、去销售，晚上没有人时，我们开始做直播。我认为未来每一个门店甚至是每一个家庭、每一个组织、每一个企业都会用到视频服务。”韩森再次开始了他的大胆探索，他表示盒子科技花了两年时间和大量资金去研发卡多希这款产品，看上去它是直播设备，实际上它也是一台电脑、一个平板、一台收银机，它还是一个刷脸支付的工具。

韩森觉得，卡多希不一定会成为爆款，但盒子科技总要去尝试，怎样给商户提供顺应时代趋势的产品。未来十年，盒子科技希望通过不断的产品创新，结合5G、人工智能等新技术，把收银台变成收银综合设备，甚至变成收银机器人。

这样的探索不断给盒子科技的生态注入活力，也在不断增强大盒伙人的信心。在盒子科技平台上，盒伙人能够得到的东西要比其想象的多得多，而生态化正是确保盒子科技竞争力的壁垒。

盒子科技计划，到2025年，公司销售收入超过50亿元，交易额达30000亿元，日交易笔数突破5000万；其中数字化服务收入超过20亿元，海外市场营收贡献超过10%；累计推动300万人获得就业机会，服务企业级用户50万家，服务小微商户1500万家。

盒子科技的员工始终坚信，真正能够改变世界的人，往往是心怀伟大梦想、矢志不渝、为此不断拼搏努力的人。“心里始终装着小微商家，始终把提升服务体验、为小微群体创造价值放在第一位。”这已经成为盒子科技的“DNA”，未来盒子科技也将秉承这样的信念，为商业服务、为社会创造更多价值。

凡是过往，皆为序章。过去，已经过去；未来，正在到来。2020年12月，为了更好地推动整个生态的落地，盒子科技启动了战略研讨系列会，对公司愿景、使命、战略目标、价值主张、未来五年规划、关键里程碑目标等逐一进行了广泛而深入的研讨，并在此基础上形成了公司新一轮的五年战略规划1.0版。

盒子科技的使命是“聚焦商户关注的经营压力和挑战，提供有竞争力的数字化服务解决方案，为商户创造最大价值”。盒子科技希望通过自身SaaS、ERP等数字化服务的赋能，通过为中小微商户提供有竞争力的数字化服务解决方案，为整个社会创造出更大的价值；通过自身的数字化赋能，不断缓解中小微商户的经营压力，为商户创造最大价值。

盒子科技的愿景是“构建互联互通的数字化商业服务开放生

态，让商业服务更智慧”。盒子科技将以科技为基础，加快各领域商户的数字化转型，提高效率，降低成本，将商户间的协同共赢迭代成为一个全新的、互联互通的数字化商业服务开放生态，从而实现全社会整体效率的提升。

现在的盒子科技，正在努力从一家成功的创业公司向着伟大公司的目标而努力、蜕变。当然，业务的成功，生态的成形，不足以证明盒子科技是一家伟大的公司，更大的人文关怀和社会责任同样重要。盒子科技也正在向着业务和社会价值双向成功而努力。

# 做有温度的事情

CHAPTER 15

企业最大的资产是人。

——松下幸之助

## 60 倾听，让所有人更清醒

十年的时间，盒子科技的交易量、公司规模都远远超出了韩森以及整个盒子科技团队当初的设想。但即便到了今天的规模，盒子科技依然没有忘记自己为什么出发。

整个团队的人都希望，能把盒子科技从一家成功的创业公司变成一家伟大的公司。在这个努力的过程中，就需要倾听来自各方的声音，让自己保持足够的清醒。

这种善于倾听的团队文化，不仅体现在产品和市场销售团队中，技术开发团队也一样。“一直以来，盒子科技的文化都比较单纯，以技术团队来讲，可能很多时候我们会有一些争吵，甚至有很激烈的情况，当然我们大部分情况下是对事不对人。”王志宇说，尽管彼此直接的交流方式不同，有的激烈，有的温和，但大家都愿意本着倾听彼此的声音的态度去沟通。团队之间不会因为这种沟通和焦虑的情况而出现什么隔阂。

“我觉得要给我们的产品研发同事点个赞，其实以前不知道我们公司的产品研发有那么强大，但听到很多行业内的反馈说，其实盒子科技的产品真挺强的。然后我还跟团队开玩笑，我说你们要知足，很多时候，行业里的其他公司，市场反馈的一个功能点要去迭代，我可能排队都要排一两个月。但我们在市场里面有任何不爽，盒伙人对我们有不满，我们回来就去和产品研发说，他们马上就会给出调整方案。”盒伙推的曾琦觉得，对于这样的氛围，真的要珍惜，要感恩，毕竟能够真诚地彼此沟通，去一起完成一件事情，是非常难得的。

“盒子科技团队的所有人，都要第一时间去了解用户的需求。”韩森说，“产品经理必须深入到市场一线了解用户需求，这是市场的敏感度，做产品经理不了解用户，你凭啥做产品？用户思维就应该是跑到用户那里，了解用户遇到了什么困难，有什么实际的问题，用户有什么希望或者期待，然后带着各种问题来找到自己的答案。销售也是一样的，你都不知道人家用户心里是怎么想的，怎么会很顺畅地把产品推销给用户？”

对于盒子科技而言，T-BCS中，盒伙人S代表了渠道，是盒子科技与商户之间的重要纽带，更是商户需求痛点反馈的重要渠道。因此，解决了盒伙人在展业推广时面临的问题，也就能够更好地解决商户服务中面临的难题。

如何更好地倾听盒伙人的需求，进而全面了解商户、用户的需求？韩森在盒子科技搞起了盒伙人的“吐槽大会”。在盒子科技，每年举行两场大会，一场是新产品发布会，另一场就是盒伙人大会。在盒伙人大会的前夕，盒子科技的所有高管团队，都要接受来自盒伙人的“质询”。

很多时候，这成了盒子科技高管的“渡劫”时间。盒伙人将自己的很多不满用各种语气说出来，有时候会让公司的管理层觉得异常难堪。但是，所有人都觉得，这样的会议是有价值的，也是必要的。

钟志华说，韩森和盒子科技希望能够让普通人也有成功的机会，但帮助人就需要了解他们的困难和痛点。如果听不到真实声音，其实就没有办法帮到别人，他非常愿意听这个东西。当然，面对盒伙人疾风暴雨般的质问，其实最难受的还是韩森，一片赤诚地做了很多事情，却还有这么多的质疑和问题，心里并不好受。

但韩森还是坚持了下来：“我始终都告诉公司所有的人，如果你不能够听取别人对你的不同的意见，甚至是挑战你，甚至是骂你，如果你不能够积极地拥有一个好的心态去听取这些意见，如果你不重视，盒伙人是不是就对你的企业失去了信心？别人在说这个事情的时候，说明你有改善的空间。”

当然，盒子科技的管理层也需要在倾听的过程中，对盒伙人的预期作一个管理。不是为了吐槽而吐槽，而是带着建议，带着对市场、对商户的痛点来反馈问题，而非一味地发泄。这样，解决问题的效率就会变得更高。

这样主动倾听的态度，让盒伙人感受到了盒子科技的诚意。尹利蓉说："吐槽大会反映的更多的是公司的态度，能解决的当时解决，不能解决的承诺时间解决，我就觉得这是一个非常负责任的公司。"

除了吐槽大会，盒子科技还通过社群、值班电话的方式，第一时间了解盒伙人的诉求。"我的服务经理生病打点滴都还在帮助我们。这不是公司要求的，但他已经把我们当成朋友。我找他成习惯了，他帮我也成习惯了。不管他有没有休息，随时给他发微信，都回得特别快。"一位盒伙人说。社群里，盒子科技的高管随时都能够找到。随时随地倾听一线的反馈，已经融入了盒子科技人的血液之中。

## 61 技术难题？我们"专治各种不服"

在盒子科技的技术团队中，流传着这样一句话，那就是"专治各种不服"。这句看上去有些"嚣张"的slogan，反映的其实是盒子科技的技术研发团队打硬仗的能力。

在盒子科技团队中，大家普遍奉行“结硬寨，打呆仗”，聪明人下笨功夫，看似起步的时候比别人慢，但日积月累，盒子科技的创新能力反而更能够展现出来。芒格说，在商界成功很简单，就是找到显而易见的大道理，然后严格执行这些大道理，这样就能逐步建立起巨大的优势。无论是战争还是商业抑或是产品的开发，其实本质上的道理都一样，要想走出困境或者获取胜利，靠的都是耐心。突发性的、奇迹般的胜利都是依靠点滴积累形成的。很多时候，只需要按部就班地做好自己该做的事，等时机来临时，一切都会有所改变，只是在那之前，你必须要有足够的耐心。

盒子科技永远不缺乏耐心，也不缺少打硬仗的勇气。韩森说：“我选人的标准：第一，选择那些看得到身上的优秀品质的人，至少要有积极的心态，再观察你身上有没有果断的决策的能力，你敢不敢向前冲，你敢不敢试错。第二，你的逻辑是不是接地气的，有好多人讲的全都是概念，或者说全都是模棱两可的东西，现在我一听这个东西我就怕，我想听的是怎么落地。你这个思维逻辑给我讲对了，我就不在乎你上面那些东西，你就告诉我你怎么去做。”

CTO吴松最看重的也是团队敢打仗的能力。吴松觉得：“很多时候我觉得士气很重要。我经常鼓励大家，遇到困难的时候，你对自己说，‘我可以’。团队遇到困难的时候你敢不敢上，你敢上，下面人就敢上，所有人状态是不一样的。如果团队带头人是个犹豫、怯懦的人，你说下面人能敢动吗？”

吴松说：“我也怕有风险，但是我不主动，我未来的风险更大，还不如早点面对。所以当我们团队遇到问题的时候，别人解决不了，你敢不敢上？你敢上，你就要去付出和努力，你要比别人学得更多，然后操更多的心，然后找各种资源解决问题，多思考。”

吴松也承认：“一定要找主动积极的人，愿意去接受挑战的人。这样的人一定会想办法去解决这个问题，他不是在工作，而是在证明自己，在挑战自己。”

无论是韩森，还是吴松，都愿意给团队成员机会。而因为开拓、创新造成的失误，他们也会替团队来承担责任。

“不然能怎么办呢？谁也不知道谁是最合适的，只有做了才知道。”吴松认为，团队也好，个人也好，总要往前走，所以他能允许失误，但是不能允许在一个问题上总是失误。“你失误一次，你知道了就行了，其实所有的失误都是你团队能力不足造成的。你怎么去把团队能力补足呢？然后你怎么知道你这个团队能力是不足的呢？你只能多战，多练，你才能发现这些问题在哪里。问题是藏不住的，暴露出来然后解决掉才是正确的办法。”

吴松提拔覃业金，就是因为看到他眼里有光。当系统有问题的时候，让所有人说说，大家聊了一圈，说到怎么解决，只有他说“我们可以做”。吴松说：“我只看谁有打仗的欲望，我就把谁提拔起来，谁负责任，谁尽心尽力，这个是可以看得出来的。”覃业金觉得：“第一你想做事，第二你能把这个事情做好，公司就能把相应的责任给你。数据库的只读库要重建，会影响查询业务，比如数据展示不全或展示不了。当时我回答得比较坚定，那时候没有更好的方案，我们必须要这么做。”

当时盒子科技的系统出了一次问题，数据库的只读库需要全面重建，否则就会影响到盒子科技的业务。

于是吴松召开了紧急会议，其实当时好多人都在，关于解决这个问题的方案和思路，每个人都有想法和建议。覃业金觉得：“可能我答复得更坚定一些，那个时候也没有更好的方案，我们只能这么做。”

吴松给了他机会，覃业金觉得他就必须做好。前期肯定有些地方做得不是特别好，但他通过与团队的沟通，做得越来越顺利。

刚被吴松提拔上来做leader的时候，覃业金还有点害怕，但他在做事的过程中，真诚待人，怀着一颗真诚的心，彼此之间用心沟通交流。而且，他认为自己就是盒子科技最普通的一员，处事原则有方法之分，但是没有层级观念。就这样，大家彼此之间找到了信任和配合的契合点，也找到了解决问题的思路，能够发现每个人的长处，摒弃大家的劣势，朝着一个方向去做。

“还有郎泽东，他是我们的应届生，当时遇到了一件有趣的事情，我就发现了这个人。”吴松说。有一段时间公司网速太慢了，他就让人查查到底是谁在下载东西。结果发现，是郎泽东在下载资料。那时的他还是个实习生，但两年后吴松发现，一个棘手的事情，他能够接下来，再来一个，他还能接下来。“我觉得尤其是在头两年。进公司才两三年，敢扛这么多事，那就应该提拔他。”

盒子科技技术团队的人员提拔并非靠资历或者领导的直觉，而是能不能让大家信服。“能搞定别人搞不定的问题，这就可以了。这个跟年龄跟职级无关，我为什么不让有能力的人上呢？晋升通道肯定要打通，谁不服也行，证明给大家看，谁都有机会证明自己。”吴松说。

凭借着“专治各种不服”的态度和敢于担当的勇气，盒子科技的技术团队完成了一个又一个大的专项，让系统更加稳定，创新更加具有颠覆性。Ⅱ代系统开发、切换，无卡上云，以及拆库等项目，都让技术团队得到了历练，也让盒子科技获得了“支付服务行业黄埔军校”这样的称号。

## 拆库

随着盒子科技的业务量持续增长，盒子科技的用户量连续3年保持了急剧的爆发式上升。2016年，盒子科技再次面临一个很大的挑战，系统的承载能力已经跟不上业务发展，达不到生产业务的要求。“经常会出现一些不稳定的情况，或者是系统业务流程中断的情况。我们不得不去做这样的一个事情，就是当时我们的数据库，所有的数据库都是在一块的，在一个物理库下面。”胡德坤回忆说，“当时系统出了一个问题，一个相对来说还不小的问题，影响了将近三个半小时。当然三个半小时没有影响到核心业务，只影响到数据的展示。但随后技术团队决定，为了保证未来系统的稳定性和扩容能力，一定要把数据库进行拆分，如果再拖，接下来可能影响更大。”

“当时我扮演着项目经理的角色。”覃业金说。从项目的立项到结束，包括风险的把控，具体的方案的实施都是他组织会议去协同大家，包括按期去做好上线交互整个流程的主导。每个环节都有各个不同岗位的人要参与到里面来，他起到一个串联的作用，每个人做好自己的步骤，所有步骤由他统一管理。

当时，上线步骤有120多步，还涉及改造，涉及各个不同层面的不同岗位的人，持续了两个半月的时间。

“首先，大家讨论方案。大方案定下来之后，整个团队会拉上各个业务单元。因为涉及整个研发体系，比如说收单组，支付、交易，盒伙人，还有运管，这些系统都是有关联的。关联了之后，大家就要讨论清楚。方向定下来之后，要拿到各个团队，一起讨论每一块具体要怎么去改造，涉及哪些系统，涉及哪些业务。其次，设计要把整个项目做成什么样。具体到执行层面，就是开发，修改代码；然后测试，进行功能的一些验证，包括数据库的一些准备。因为还涉及机器和其他硬件的采购。之后要做数据库的环境的搭建和准备，到最后上线一共用了两个半月的时间。”

“我们第一次拆库的时候，最大的难点就是当天晚上我们要做切换的时候，要保证数据的一致性和完整性。当时我们要做服务的停机，就是要对外发送公告，告之我公司这个业务大概是从什么时间节点到什么时间节点，这一段时间内是不可用的。但是这个时间是非常紧张的，120多个步骤执行下来，我们还要去检查，还要去复核，最终还要去做业务的验证。为了顺利执行，技术团队制定了严密的操作手册，其中包括操作步骤，检查策略，验证策略，可能遇到什么样的异常以及要怎么去处理，整个操作手册合起来有20页。”

尽管拆库过程中出现了一些小的问题，但都很快得到了解决。

## 无卡上云

在2018年的时候，因为政策原因和技术需要，盒子科技的业务要上云。

“从立项到正式上线，实际的技术落地大概也就三个月时间。”王志宇说，“这个项目规模其实是蛮大的，盒子科技的技术人员后来跟一些同行业的人去交流的时候，同行们都还蛮佩服盒子科技能在这么短时间内做成这件事情。我印象最深刻的一个场景就是我们要去做最后的一个服务切换，就相当于我要把这个业务从我们的机房切到阿里云上。尽管这个过程做了预演，但在实际上云的过程中，每个人都是既紧张又兴奋，最后我们切换的过程还是碰到点问题，但我们还是比较成功地做完了这件事情。”

“业务量开始增大之后，有一天中午，突然有人说交易慢了，而且越来越慢，同时从交易曲线上来看交易的耗时也确实在增加。于是我们又检查了代码，但是代码上并没有问题，因为没有涉及那一块的功能。我们觉得很奇怪，因为之前也运行了几个月了，在云上也没问题，怎么会这样呢？”聂敏捷说，“过了一会儿交易又恢复了，后面就继续观察，结果到下午五六点的时候，又出现那个问题了。当时我们认为是网络或者其他硬件出问题了，因为从程序上来看确实没有问题，后面我们就简单粗暴地加机器，先把那部分功能挡住。结果第二天周六的时候，突然又发生了问题，那就绝对不是硬件问题，是系统的问题。”

“当时团队的压力其实还是很大的，吴松就对大家说，‘你们先定位问题，我们对外去安抚商户和地推。’当时他这么说我们心里就比较稳了，不会老担心商户和地推的情绪，因为有时候担心会分散精力，影响解决问题的效率。于是我们开始查找问题，因为那部分程序最早是我写的，后来由另外一个同事负责的，然后我发现有一个参数配置出现问题。因为我配的那个参数太小了，这一块功能又没有做过压力测试，所以在交易达到一定量之后它就爆发出来了。找到了问题我们很快就解决了。”聂敏捷说。这件事给他留下了很深的印象，但并没有很多人因此而不信任他，而他也在用自己的努力回报着团队对他的信任。

后来，盒子科技做了很多类似的大项目都非常成功，团队越来越敢打硬仗，也越来越有信心。现在，盒子科技的技术团队可以很骄傲地喊出那句话：“专治各种（技术）不服！”

## 62 不谈狼性，谈人性

星巴克CEO舒尔茨能顺利接管星巴克，并把星巴克发展成一个帝国，一个很重要的原因是他能够发掘出员工的主观动力。

在星巴克最艰难的时刻，在美国股市低迷、经济不景气、其他公司都在裁员的时候，舒尔茨给员工加薪、给兼职员工上社保，之后还提出了全员期权，“把人的价值发掘到无与伦比的地步”。星冰乐是员工的创意，音乐CD创新也是员工的创意。

尊重人性，发掘出员工的创新能力，也是韩森一直在探索的问题。在外人看来，盒子科技团队肯拼搏，肯努力，一定是个狼性团队。但其实，韩森和盒子科技管理层强调最多的却是人性化管理。

韩森觉得："我说的人情味或者人性化，是指我们对员工的关怀、尊重和重视，别人来了之后你能不能让人愉快。第一尊重别人，第二让人感受到成长，第三让人感受到在公司有希望。真正把员工的培训做起来。我觉得大部分员工不愉快都是对领导不满，我们没有一个沟通和倾诉的通路给到他。"

韩森希望，任何一个员工即便离开盒子科技后，也能够记得在这里发生的事情，而留在盒子科技的员工，韩森希望他们能够有成长、看到未来发展的可能和希望。

韩森说，他从开始创业那一天，就经常睡在公司，感觉睡在公司里踏实，仿佛他跟事业谈了一场旷日持久的恋爱。而在这场旷日持久的恋爱里，盒子科技的每个员工都是他的家人、朋友。他经常和整个团队沟通，让大家感受到公司的战略和规划，让员工感受到公司的人情味。这也是在最困难的2013年上半年，大家选择相信他和创始团队的原因。

"我们要打破这个界限，所以我们也采取了一些措施。比如说我们有总裁办的邮箱，接下来我们可能还有总裁办沟通会。我们要选拔人才对吧？搭建员工职业发展通道，这些东西我们慢慢都要做起来，我是很重视这个东西的。我觉得一个公司要没有人情味，对员工不够关心，对公司成长也是不利的。我希望的是什么？任何一个员工到了公司以后，都不后悔来到盒子科技，出去以后也念公司的好。"韩森希望，员工来到盒子科技能够有所成长。每个盒子科技人都应该学东西、成长，让自身不断增值。韩森希望，每个盒子科技人都能在公司中取得更大的进步。

“人生活在这个世界当中充满了竞争，有竞争的地方就会遇到困难，就会遇到挫折，就会遇到不如意。而且，人也是五花八门的，但是在你的心中永远要相信一点，要做阳光的人、积极的人、善良的人、愿意拥抱变化的人。”韩森说。阳光这两个字在他心中一直是最高级的一个词。无论当下多么黑暗，无论世界多么充满恶意、无聊，无论有多少艰难险阻，他的心里总有一团火，眼里总有一道光。这样的人才是强大的，不仅不需要别人来温暖，还会把自己的光和热分享给更多的人。

所以，韩森在创业的第一天就已经学会了和自己和解：“与自己和解才能更好地前进，才能够卸下你身上的包袱，否则的话你太渴望成功，太急功近利了，反而在那种状态下，人是无法真正担起大梁和责任的。越是能够接受失败的人，其实内心越是有力量。在极度渴望成功的情况下，一旦遇到挫折，整个精神世界就会崩塌，心理世界也会崩塌。”

韩森说，他完全没有焦虑。他会经常对自己说，即使明天失败了，至少他也证明过自己，至少他曾经为盒子科技几千名员工，为上百万盒伙人，为千万家中小企业的发展做出过贡献。雁过留声，人过留名，他已经将自己的成功分享给很多人了。

盒子科技有个传统，就是在公司就职满五年的员工，会在当年公司的年会上，邀请TA的家人，一起见证他在盒子科技的成长和进步。韩森希望这样做，能够让盒子科技员工有成长的获得感，让盒子科技的家属感受到盒子科技的关爱。

当然，仅仅从精神上抚慰盒子科技的员工还远远不够。盒子科技为“人性化管理”建立了一系列的人性化福利措施。

2013年11月20日入职盒子科技的黄玲玲，一直在感受着盒子科技企业文化的人文关怀与社会责任心。“7年来，我对公司一直怀着感恩的心。第一次来盒子科技面试的时候，盒子科技的HR跟其他公司的HR不一样，HR没有问是否有二胎计划，婚否，育否，这些完全没有问。人文关怀很棒，这点也是老板的价值观的体现，感觉自己的BOSS太有爱了，特别是对女性来讲，这些问题是求职过程中的绊脚石。”黄玲玲说。在盒子科技，不用担心女性的职场歧视问题，会被很公平地对待。

疫情期间，她家里发生一些变故。这期间她非常感恩公司，无论是领导、HR还是其他高层，都跟她说，先把家里的事情安排好，如果需要任何的帮助尽管说，还安排她远程办公。部门其他小伙伴帮忙完成工作上的事情，公司的盒爱互助金还给予了她经济层面的支持。成立于2017年的盒爱互助金，已经为很多遭遇困难的盒子科技员工提供了经济上的支持。

负责人力资源的方芬说：“我们有个研发同事的爸爸突然去

世了。研发的同事知道后就跟我说了这个事，我知道以后，也跟韩总交流了这个事情。最后，大家决定一起捐款来帮助同事。这个事情发生以后，两三天左右我就跟着业务领导一起坐车去了同事的老家看望他的妈妈。”

这名盒子科技的员工，后来因为业务有很大的变化，加上经历了家里变故，整个人状态不是特别好。韩森就对方芬说，让这位同事先休息半年，等到状态调整好再回来上班，并且休息的阶段给他正常发薪。

方芬回忆说：“中间有一段时间，其实这位员工是有更好的机会选择离开的，但是他很坦诚地跟我说，因为公司和老韩这么对他，所以他不能离开，他一定要留在公司。我觉得人跟人之间真的是将心比心，你对员工好，你把他当你的兄弟，你去帮助他，他就会反过来帮你，而且身边的这些同事看到你是这么做的，他们也会有所感受。”

“盒子科技不是一个仅仅对员工予以关怀的公司，对于盒伙人的关怀同样非常给力。”很多盒伙人都说，盒子科技提倡的2.0盒伙人模式，让盒伙人低门槛实现自己的价值，不仅使大家的工作能力得到肯定，也是韩森的社会责任心的具体体现。这些盒伙人之所以选择盒子科技，就是因为韩森的人格魅力，他传递的信念，他的不辞辛苦，都让盒伙人相信跟着这家公司创业不会错。

# 63 让专业的人做专业的事儿

闻道有先后，术业有专攻。

在著名的《国富论》中，有这样一个例子："一根针的制造，涉及18种工序：一个人抽铁线，一个人拉直，一个人切截，一个人削尖线的一端，一个人磨另一端，以便装上圆头……我见过一个小工厂，只雇用10个工人，因此在这个工厂中，有几个工人同时担任两三种工序。如果他们勤勉工作，一日能制造12磅的针，以每磅4000枚针计，这10个工人每日就可成针48000枚，即一人一日可成针4800枚。如果他们各自独立工作，不专门从事一种工序，那么，不论他们是谁，绝对无法一日制造20枚针，说不定一天连一枚针也制造不出来。他们不但无法制出今日由适当分工合作而制成的数量的二百四十分之一，就连这数量的四千八百分之一，恐怕也制造不出来。"

在信息化和互联网时代，商业生态成为主流。而在生态中，每个人都要扮演专业的角色。也就是说，生态中的每一个组成部分都是专业性更高，效率更高和有比较优势的部分。也就是说，过去是生产一件产品，进行专业化的分工，而现在则是打造一个生态，并基于此建立专业化的分工。

对于一家成熟的创业公司，尊重专业是谋求发展的基础。在这一点上，韩森、吴松以及整个盒子科技团队都思考得更加成熟和理性。

盒子科技的副总裁闫俊玲是2016年来到盒子科技的。她来到盒子科技的时候，恰好赶上整个公司出现了一些风险事件，而且敞口越来越大，损失金额从一个月几十万元上升到近百万元。如果放任这种风险敞口扩大，盒子科技一年的损失金额会非常高。闫俊玲认为，盒子科技是足够尊重她的专业知识的。她说："有一点更可贵的是，老板有一句话蛮打动我的，他说，'我们选择你就是认可，如果你这块没有做好，那也没有关系，我们自己的选择我们认'。他就是认这个，他不会觉得你没有做好就怎么样，这一点我就觉得非常可贵。"韩森是一个包容度很高的人，他很尊重团队中的每一个人。闫俊玲和韩森在这样的前提下，合作得越来越顺畅。比如，韩森觉得风控的某项规定过于严格，会影响到业务的开展，但作为老板还是会很客气地把他的想法传递给风控部门，至于要做到什么程度，韩森从来不会过度干涉，这其实是对于专业能力的一种敬畏。

一个部门或者一个人，如果唯老板之命是从，那么这个部门或者这个人的价值就不存在，根本就不需要你。当然，尊重是彼此的。韩森对于专业的尊重也换来了团队对他的尊重。大家学会了先从专业的角度出发，再从中矫正，从公司发展的角度考虑问题，找到合理的解决办法。

在技术层面，韩森和吴松对于一线专业人员同样包容度很高。在拆库的执行过程中，韩森和吴松都来到了现场，但都被拒之门外。“大家肯定在电视上看见过卫星发射时的那个画面，对，咱们那次就和这个场面一样且持续时间是一整夜——8小时。有监控指挥中心、有专家紧急攻关中心、指挥操作中心。”胡德坤说。指挥操作中心是不允许老板进去的，韩森和吴松被要求在监控中心观战，因为不能给技术人员增加压力，以免影响他们操作，如果搞错一个动作就会全部输掉。

胡德坤回忆说：“我们要在8个小时内完成（0：00—8：00），这是对外跟客户申请的时间，实际上我们要6小时完成，也就是早上6：00前完成。有一千零几个动作，一个执行总指挥负责发出指令，他按事先演练过的步骤发出一个个指令，对应操作员就按对应指令开始执行、复核员进行复核、检查员进行检查、监控统计员进行统计、监控报告员报告执行结果是否正常。”

对于这项非常重要的技术升级，韩森和吴松仅仅说了一句话，那就是，“需要我们做什么，直接说”。尊重专业，敬畏专业，成为盒子科技管理层一直奉行的规则，也让更多技术、风控、BD等不同岗位的盒子科技人尽情发挥着自己的能量，在实现自我价值的同时，也给公司带来了巨大的收益。

# 64 内部分享：要让所有人都有所得

美国军方曾在苏联解体之后，提出了一个新词VUCA，即易变性（Volatility）、不确定性（Uncertainty）、复杂性（Complexity）、模糊性（Ambiguity），用来形容冷战结束后的世界局势。这个词汇随后被用在商业领域，用来描述如今的商业环境和社会环境。

科技和经济的快速发展，让创业公司有了更多弯道超车的机会，但更快的发展节奏也增加了公司和个人随时被时代进步所抛弃的概率。数据显示，到2030年，多达2.2亿名中国工人可能需要转换职业，占中国劳动力总数的30%，大约是麦肯锡全球研究所（MGI）未来工作模型预估全球需要转型劳动力总量的36%。

在中点自动化（Midpoint Automation）场景中，到2030年，大约5160亿小时工作时间（即平均每个工人87天工作时间）会因自动化而被重新配置。工作对体力以及基本认知技能的需求将分别下降18%和11%，而对社交、情感和技术技能的需求将分别上升18%和51%。

商业环境、就业环境，甚至是社会环境，都在剧烈变化。《哈佛商业评论》的一篇文章中写道，目前在大学期间获得的知识或许只能用五年，但这并不意味着要放弃教育，而是应该养成终身学习的习惯。

无论是韩森还是盒子科技的高管，都希望盒子科技的每一个人能够实现终身学习。盒子科技希望自己的员工能够保持对前沿科技的敏感度，这既是对自己的增值，也是对公司的增值。就像韩森说的，他希望盒子科技的每一名员工都能够在盒子科技工作期间有所收获、有所成长。这是公司对员工在金钱、福利奖励之外，最重要的软福利。

因此，更多的内部分享，更多的兴趣小组，更严格的技能培训，成了盒子科技的特色。盒子科技相信，创业公司也可以作为教育者和培训者发挥关键作用，无论是盒子科技的内部员工，还是盒子科技生态中的商户、盒伙人，都需要获得培训和成长。许多技能的学习和提高，可以通过公司组织进行，比如，针对盒伙人的精兵训练营、指挥官训练营，针对商户的各种培训以及面向生态开发的创客大学；对于内部员工而言，也需要按队列实行培训计划，以及与外部教育工作者合作。

技术部门中各类型的技术小组、讨论小组，为盒子科技的技术积累增加了砝码。公司采取激励措施，鼓励员工接受培训，例如，完成培训课程能够有更大的机会获得升职加薪。

技术部门的郭峻宏说："盒子科技整个公司发展速度非常快，每一年都有新的业务、新的技术融入进来。随之而来的是每年都会有不同的新问题摆在技术人员面前，这也逼着盒子科技的研发人员去探索新的方向。"对郭峻宏而言，他自己也希望接触新的东西，为公司做好一些技术服务，帮助公司更好地发展。

盒子科技是一个有创新基因和追求发展的公司，而很多人是因为对新技术、新的行业趋势有兴趣，为了自己的成长，才来到盒子科技的。

企业组织并不是有了优秀人才就会进步，全体员工结构的平衡是非常关键的。企业需要优秀的人才，也需要一般的劳动者，这种平衡掌握得好的话，企业才会不断进步成长。

# 科技向上，企业向善

CHAPTER 16

只有甘愿做好事的公司，才能使自己做得更好。

——诺曼·里尔（企业信用理论奠基人）

## 65 能力越大，责任就越大

孟子曾言：“穷则独善其身，达则兼济天下。”

而在西方的传统里，也有着“能力越大，责任也越大”的说法。

所以我们看到，很多人在自己获得成功后，都选择了回馈社会，用自己的努力带动整个社会福利的进步。

无论是盒子科技的员工，还是盒伙人，对于韩森的社会贡献都一致赞同。一位老员工说：“老韩（韩森）是一个有社会责任感的人。大家都说企业第一步是盈利，保持自己的生存，第二步是创造社会价值做一个伟大的企业。这一点他是做到的，他真的是为大家提供创业机会。”

在利他就是利己的原则下，盒子科技逐渐成熟的商业生态，已经开始反哺社会。

疫情期间，盒子科技积极帮助农户解决农产品销售难的问题。盒子科技旗下的笑谱推购联合徐州蔬菜生产基地，共同推出“不见面”的菜篮子工程。

企业来源于社会，也将回馈于社会。盒子科技从创业之初，就秉承“以帮助更多平凡人创造价值，实现梦想为己任”的理念，努力回报社会，持续践行社会责任，从灾区救援到捐资助学再到关爱特殊群体，公益行动和足迹遍布全国各地。从2016年开始，盒子科技持续秉承公益之心，给湖北、安徽等洪涝灾区捐献物资和资金，给青海玉树献上物资，与爱心协会合作，在云贵川地区建立图书室……

2016年7月，全国多地遭受洪涝灾害，盒子科技紧急启动救灾支援方案，迅速组织员工为灾情严重的芜湖及时输送救灾物资。韩森个人也通过微信和银行卡转账等形式，为购买紧急救灾物资提供资金支持，同时，亲自赶往灾情最严重的芜湖一带，筹备物资、参与抗洪抢险，并组织发动盒子科技员工与地面推广人员投身到抗洪救灾的行列中，将食物、纯净水和应急药品，及时运送到灾区人民手里。

青海玉树囊谦县娘拉乡是经济发展水平较低的偏远牧区，2016年12月，盒子科技有针对性地发起爱心回收站项目，号召员工为该地区捐献爱心物资，源源不断地输送温暖。

2017年11月，盒子科技与深圳市鹏博爱心互助协会联手启动“春草行动”，捐款援建贵州省遵义市绥阳县的学校图书室，为当地学子修筑了一道道追寻进步的阶梯。为每一个起初微小而平凡的梦想赋予力量，被盒子科技视为自身的使命。

“从盒子科技有限公司这里，我们看到了一个有社会责任感的企业，他们在努力为员工创造更好的工作环境的同时，也在向员工们倡导公益理念，他们正在努力地让社会更温暖！”深圳鹏博爱心协会王彬认为，盒子科技从公司到员工投身公益的做法，感染了越来越多的人。

“盒子科技在为社会创造经济价值的同时，更关注公益，关注教育，这些善举越来越让山区的孩子们看到了希望，感受到了社会的温暖。如果说教育是一团火，那么有你们这些爱心作燃料，教育之火会燃烧得更旺盛。这就是要顺应新时代教育发展的趋势，更好地弘扬中华民族伟大复兴的传统美德，尊师重教的良好风尚，充分体现心系教育、情系学子的高尚情怀，这份拳拳爱心会激励我们以更加饱满的激情投入到未来的教育教学工作中。”贵州省遵义市绥阳县未成年人保护协会秘书长杜兴全如是说。

为了帮助贫困学生，2017年11月，盒子科技再次与深圳市鹏博爱心互助协会发起“春风行动”，分批次对贵州贫困地区69名学生进行生活费资助，赋予贫困学子求学的希望。

2019年4月，盒子科技就宣布在安徽宿州泗县二中设立教育基金30万元，成立春晖实验班，每年帮助贫困优秀学子完成学业。凡在该班级就读的泗县学子，均可享受免费教育并有机会获得高额奖学金。

同年5月，盒子科技CEO韩森再次以个人名义捐助50万元，在泗县建立特殊教育学校，帮助残疾人群体争取更多的学习机会。

2020年1月21日，新冠疫情出现后，盒子科技就捐赠了200万元的爱心款，并在第一时间启动扶贫助农行动，提前采购一线防疫物资，利润全部补贴给店主和消费者，确保疫情防护物资的充足。

“做这些大部分都是以公司的名义。我第一次做公益是在2016年，那时并不富裕，我自己挣的第一笔钱全部捐了，就捐给了我家乡的小学，然后我给家乡修了一条路。”韩森坦言，正是由于自己在求学、创业的过程中，被无数人帮助，才养成了积极、向上又永远充满激情的性格，也让他始终坚持，对于别人的好最终会让自己受益，利他的行为，就是利己。“我是觉得你能干这一件事情就早点干，我觉得人在这个世界上不要把钱看得太重，你要相信早晚你还会再挣钱的，但是有些事情是你晚不了的。”

到今天为止，盒子科技做的这些公益，都是为了承担社会责任。韩森觉得，这就是企业的本分。财富这个东西，不回馈给社会，就是没有价值的。

## 66 盒子科技要带领所有人成功

管理学家詹姆斯·柯林斯曾经表示，企业和企业家要有核心的价值观和超越赚钱的使命感，才能做到基业长青。兼具格局和情怀的成功企业家，往往怀有造福社会的强大责任感和使命感。

盒子科技经历了十年的创业和发展，始终不忘初心，始终尽自己所能反哺社会。在带领盒伙人成功后，又推出了大盒伙人概念，希望给中小微商户带来更大的飞跃。

从创业之初，韩森就希望盒子科技能够通过产品创新、模式创新来改变行业。盒子科技一直坚持“为有梦想而又不甘于平凡的人创造公平的创业机会”。因此，盒子科技人在疫情期间，又开发并上线了笑谱短视频和直播业务，上架笑谱优质产品、升级盒伙人优惠政策，目的就是能够服务商户，让所有的中小微商户能够运用最先进的技术和模式，从困境中走出去。盒子科技坚持“服务”精神，帮助百万盒伙人实现线上创收，也为所有中小微商户提供更多的服务。

在疫情肆虐时期，全体盒子科技人秉持“诚信、利他、协作、创新”的企业价值观，打造专业、有凝聚力的服务团队，用精益求精的产品和服务，为盒伙人及小微商户提供更完善的升级服务，带领盒伙人和小微商家实现共生自救。

韩森认为：“当你帮助别人的时候，当你给别人一点点帮助的时候，别人会惦记你一辈子。一切利他的行为都是利己的——给别人创造价值，你不给别人创造价值，你的价值在哪里？”只有给别人创造了价值，才能体现自己的价值。当企业给别人创造价值的时候，企业自身就有价值了，人就有价值了。只有让所有人都获得价值感，盒子科技的员工才能实现个人价值的提升。

事实上，企业给别人创造价值的时候，企业的产品和服务一定会有人买单，而且，买单的不仅是企业的用户。企业身边的所有的资源都会跟着流动起来，给企业带来更大的价值。如果别人不愿意跟你走，就说明你给别人创造的价值不够。“因为你要持续给别人创造价值而不是你把这个东西给别人了，你就没了。你永远要接受这件事情，给别人的东西你一定会得到的，你会从其他地方得到。”

盒子科技为盒伙人创造价值，带来了商户；为商户创造价值，带来了C端消费者；为消费者创造价值，又扩大了自己的生态，引入了更多合作方；而这些合作方的引入，又为商户、盒伙人和消费者创造了新的价值。盒子科技的每一步，都是在利他，但最终，自己同样获得了巨大的收益。

“就勇敢地往前走，勇敢地去坚持自己的初心。不要问结果，保持一颗善良的心，保持一颗创造价值的心，你永远要相信这个世界早晚会回报，即便不会帮你，你也问心无愧。这就是我一直以来无所畏惧地去创造、创业和进化的根本。”韩森认为，科技向上、向善，为什么要向善？因为做一件事情不是仅仅要积极向上，还要对社会对他人有帮助。

十年前，盒子科技的初创团队在没有任何其他资源的艰苦条件下，依靠文化先行。首先明确了坚持利他的原则和底线，这就是盒子科技文化1.0的雏形，盒子科技用这个文化吸引了一群志同道合、有共同追求的人，形成了一个有凝聚力的核心团队。大家用诚信赢得客户和市场，一起度过了最艰难的创业期，从而夯实并构筑了盒子科技未来可持续发展的基石。

十年后，盒子科技根植用户价值的初心未曾改变，选择高度关注用户价值，用不服输的精神了解用户需求，并为用户创造价值；他们选择用技术来守护生命和情感，用科技放大人性的善意，主动承担更大的社会责任，这是盒子科技和全体盒子科技人的选择。从最初的几个人，到如今的近千人，每一位盒子科技人，都参与了盒子科技文化的塑造。盒子科技文化理念是盒子科技人的共同信念，也是盒子科技发展过程中不可缺少的DNA。

盒子科技希望，伴随着自己的成功，T-BCS生态也能够带领生态中的所有人一起成功。

## 67 盒子科技的内核：利他、分享、共赢与爱

商业生态的建设，通常遵循“点、线、面、体”的进化逻辑。

对于盒子科技而言，产品的创新是生态打造的第一步。有了颠覆性创新的产品，就实现了单点突破，而盒伙人模式的引入，让创新渠道模式的盒子科技将无数盒伙人连成了线。随着商户服务的引入，支付业务将盒伙人与商户连成了面，最终，T-BCS成了一个生态体。

回首盒子科技的十年创业经历，甚至可以用“曲折”来形容。移动支付服务、下沉市场、网格化布局，盒子科技所有的这些战略都不容易达成，但经历过太多挫折的盒子科技，有信心能够将这些一一做好。

过去的几年间，移动支付早已深入城市人的生活，两年前就已取代了钱包。不过，农村用户对移动支付是缺乏信任度的，过去的父辈们如果见不到真金白银，总感觉心里不踏实。但随着盒子科技这样深耕线下的创业公司的努力，这种不信任感似乎已经

烟消云散了，家乡父辈们现在已欣然接受移动支付这种更方便、更快捷、更安全的支付方式了。

盒子科技依靠的，正是自己一直以来秉承的价值观。合作共赢，利他就是利己。经济学中有一个很有意思的概念，叫作“帕累托改进”，说的是在不损害别人利益的前提下，努力让自己过得更好，那么，整个社会就会变得更好。而盒子科技的向上进化，不仅让盒子科技以及盒子科技的员工过得更好，还能让盒伙人、商户过得更好。这或许是更广泛意义上的帕累托改进。

这些年，盒子科技为盒伙人提供创业的机会，帮助他们脱离贫困的生活；也为中小微企业和商家提供服务，通过好哒等产品提高他们的经营效率，降低他们的经营成本，帮助他们获得了更多的收入。

这些成绩，都是盒子科技人、盒伙人用尊重和努力换来的。这就是滋养的力量，是价值的力量，是利他的力量。

韩森始终坚信世界是美好的。他说：“相信‘相信的力量’，因为相信，所以改变，因为改变，所以更美好，相信你也正在经历改变所带来的美好。”不论未来如何变化，他仍然希望盒子科技所有的员工都能够成长，盒子科技的每一个变化都能与盒伙人、商户密切相关。

韩森觉得：光明常在，希望常有。而光明就在每一个人的身边。盒子科技坚信，持续地迭代产品、不断优化服务，就会迎来源源不断的客户。公司的每一位员工都能够全力以赴去赢得未来，就能够使数百万名用户切身地感受到盒子科技所带来的真正价值。韩森坚持，要为所有有梦想而又不甘于平凡的人，创造公平的创业机会。

# 附 录
# 十年：盒子科技发展大事记

**2011年**

7月：深圳盒子科技信息技术有限公司注册成立；成功引入A轮融资。

8月：与中国银联签署战略合作协议。

**2012年**

6月：盒子科技刷卡器获得中国银联颁发的安全认证证书。

11月：中国第一个线上线下二维码支付QRPOS—拍付上线。

12月：与深圳银联签署联合运营协议、与所有银联卡之间转账开通。

**2013年**

7月：公司获得B轮投资。

10月：获国家高新技术企业资质；获第三届支付创新（中国）大会授予的“移动支付技术创新奖”和“年度创新领导

力奖”。

11月：盒子科技mPOS产品602正式通过银行卡检测中心检测；获得中国银联相关认证机构颁发的安全证书；获得深圳高新技术企业资质。

**2014年**

4月：获得中国人民银行指定认证机构颁发的非金融机构支付业务设施技术认证。

12月：盒子科技总部乔迁至深圳软件产业基地；成功引入C轮融资。

**2015年**

3月：“智慧商店”产品上线。

6月：盒子科技慧POS上市。

**2016年**

1月：入选移动支付网“2015年度受欢迎智能POS机评选”十佳；成为“深圳市高新技术产业协会会员单位”。

3月：被授予“2015—2016年度新锐企业”奖项。

4月：盒子科技创客大学成立；获移动支付网金松奖“年度最佳智能POS产品奖”。

6月：慧POS300A获得中国银联相关认证机构颁发的安全证书。

7月：征信系统正式通过公安部国家信息安全等级保护三级

认证。

8月：成为“第三方支付安全合作联盟”成员企业。

9月：盒子科技入选《2016德勤—深圳高科技成长20强报告》并高居第一名。

11月：盒子科技CEO韩森荣获首届“中国（深港）十大创新金融人物”奖，盒子科技成功入选“2016德勤高科技高成长中国50强”。

**2017年**

3月：由招商银行深圳分行与好哒首次联合发起，“盒伙人一卡通”正式推出；盒子科技荣获由第十届商业信息化行业大会暨技术展览会颁发的“2016—2017年度杰出企业奖”。

4月：平安银行旗下“平安到账”品牌与盒子科技签署深度合作协议。

7月：盒子科技S302产品再获银联卡受理终端产品安全认证证书。

12月：公司更名为“深圳盒子科技信息科技有限公司”，深圳盒子科技信息科技有限公司（徐州）正式落地徐州经济开发区。

**2018年**

1月：盒子科技CEO韩森荣获艾媒咨询“2017中国年度科技创新CEO”；盒子科技荣获2018胡润新金融百强榜“最具品牌价值企业”。

3月：盒子科技英文名正式更名“iBOXCHAIN”。

4月：2018首届中国创业峰会于徐州隆重召开。

7月：入围《粤港大湾区独角兽白皮书（2018）深圳地区准独角兽》名单、入选《2018深圳独角兽&准独角兽榜单》准独角兽名单。

10月：“明天慧更好”盒子科技2018慧店新品超级发布会于深圳湾春茧体育馆举行。

**2019年**

1月：盒子科技荣获中国支付网金贝壳奖“支付可持续发展先锋机构”。

4月：盒子科技被广东省政府评为“广东省面向商户的智慧经营服务平台工程技术研究中心”。

6月：盒子科技被深圳市市场监督管理局评为“2018年度广东省守合同重信用企业”。

11月：盒子科技荣获经济观察“2019年度科技先锋企业”。

**2020年**

1月：盒子科技向武汉疫区捐赠200万元人民币。

10月：好哒全面升级；直播硬件产品——卡多希上市。

## 后 记

# 伟大始于渺小，成功始于分享

2011年，韩森带着几个盒子科技的伙伴走上了创业之路。

从求学到创业，韩森接受过无数人的好意，这些善意都被他铭刻在心。在创业的路上，他学会了“但行好事，莫问前程”，他相信，自己对于别人的善意和利他的行为，终究会回馈到自己的身上。

从十几个人创业出发，到现在近千人的公司团队，200万个盒伙人团队，为5000万个商户提供服务。盒子科技用了十年成长了万倍，但盒子科技人内心对于行业、对于发展仍和刚刚出发一样，保持着敬畏。

韩森说：“2018年盒子科技的团队似乎有些偏离了初心，太急功近利了，想追求利润，追求所谓的成功，我们忘记了盒伙人的理念，忘记了为商户服务的理念，忘记了首先要利他的精神。”现在，盒子科技又找回了曾经的初心，所以大家的信心又回来了。

曾经有一个被韩森资助的学生问过他一个问题：“你觉得创业难还是学习难？”

韩森不假思索地说，创业难，因为创业涉及太多的东西，包括人、资金、竞争行业的变化以及财务管理等各种管理能力的提升，都很复杂。

后来，经过一番思考，他觉得自己之前的想法错了。因为韩森发现，学习的目的就是让人具有解决问题的能力和拥有一个好的心态，通过学习，人可以有更好的逻辑和解决问题的能力，能更好地创业。

这番思考，韩森也分享给了盒子科技的团队。他希望整个团队能够意识到，盒子科技分享的不仅仅是数据、报表、利润，还有个人的经验、体会和学习到的知识。对于盒子科技的团队成员以及盒伙人，盒子科技希望他们能够拥抱知识，终身学习。韩森觉得，从学习中可以获得两样东西：第一，解决问题的能力。第二，面对挫折的态度。

伟大始于渺小，盒子科技曾经无比渺小，也曾经数次陷入危机。而现在，凭借着不断的反思和优秀的学习能力，盒子科技人正朝着他们的目标——成为一家伟大公司而努力。在盒子科技人看来，想要实现这一目标，依靠的就是分享的力量。